中流崩坏

[日] 桥本健二 著

郭佩 译

中国科学技术出版社

·北 京·

Original Japanese title: CHURYU HOUKAI
Copyright © 2020 Kenji Hashimoto
Original Japanese edition published by Asahi Shimbun Publications Inc.
Simplified Chinese translation rights arranged with Asahi Shimbun Publications Inc.
through The English Agency (Japan) Ltd. and Shanghai To-Asia Culture Co., Ltd.
北京市版权局著作权合同登记　图字：01-2022-1526。

图书在版编目（CIP）数据

中流崩坏 /（日）桥本健二著；郭佩译 . —北京：中国科学技术出版社，2022.6
ISBN 978-7-5046-9497-3

Ⅰ . ①中… Ⅱ . ①桥… ②郭… Ⅲ . ①社会阶层—研究—日本 Ⅳ . ① D731.361

中国版本图书馆 CIP 数据核字（2022）第 039610 号

策划编辑	申永刚　刘　畅
责任编辑	申永刚
版式设计	蚂蚁设计
封面设计	仙境设计
责任校对	焦　宁
责任印制	李晓霖

出　　版	中国科学技术出版社
发　　行	中国科学技术出版社有限公司发行部
地　　址	北京市海淀区中关村南大街 16 号
邮　　编	100081
发行电话	010-62173865
传　　真	010-62173081
网　　址	http://www.cspbooks.com.cn

开　　本	787mm×1092mm　1/32
字　　数	125 千字
印　　张	8.5
版　　次	2022 年 6 月第 1 版
印　　次	2022 年 6 月第 1 次印刷
印　　刷	北京盛通印刷股份有限公司
书　　号	ISBN 978-7-5046-9497-3/D・120
定　　价	59.00 元

（凡购买本社图书，如有缺页、倒页、脱页者，本社发行部负责调换）

序言

新冠肺炎疫情与两个"中流"

时至今日,"一亿总中流"①已成为一种令人怀念的说法了。

"一亿总中流"曾经有过,至少人们在心底里相信其存在过,但是如今它已不复存在,也没有人再相信了。无论是从生活富足程度还是生活方式的角度来看,"一亿总中流"都可以紧密地将各种各样的日本人联系在一起。从这

---

① 一亿总中流,又称"一亿总中产",是指日本在经济高速成长期出现的一种国民意识,尤其在 20 世纪 70 年代和 80 年代较为凸显,当时日本在终身雇佣体制下,九成左右的国民约有 1 亿人口都自认为中产阶级,"消费美德"成为一时社会风气。尽管中流意识高于日本的国家有西班牙、美国、加拿大等,但由于其人口不是 1 亿左右,因此"一亿总中流"一词仅针对日本使用。——译者注

点来说，它简直堪比太平洋战争时期的"一亿火球"口号。

从20世纪80年代开始，日本社会贫富差距不断扩大，随之出现了形容这种现象的流行语"格差社会"。其实，从"格差社会"一词回首过往，尽管当时很多人没有发现贫富差距的扩大，但实则存在已久。

最终将人们从"一亿总中流"的幻想中拉回现实的，正是从2020年1月开始在日本蔓延的新冠肺炎疫情。新冠肺炎疫情对不同人群带来的冲击和影响并不是无差别的。当然，如果人们的年龄和健康状态是相同的，那么他们身体对病毒的抵抗力并无太大区别。但是，身体的抵抗力并不是本书要讨论的问题。

最近，多则新闻报道了很多人因新冠肺炎疫情而陷入生活困境。他们大部分是非正式职工，作为劳动者，他们本身就处于劳动关系中的弱势地位。新冠肺炎疫情暴发后，他们直接面临停工、停薪的艰难处境。日本工会的负责人将此现象称为"新冠停工"。很多没有正式工作的单亲妈妈，受新冠肺炎疫情冲击而收入锐减，同时还不得不在家照顾因疫情休学的孩子。因为没有了学校的供餐，伙食费剧增，有很多单亲妈妈被惨淡的现实逼得走投无路。另外，还有很多外籍劳动者也面临疫情停工的危机，他们既没有回国的交通费，也没有可以从事的工作，陷入了从未有过的困境。

还有很多关于个体经营者和自由职业者受到疫情冲击的报道。疫情对餐饮业的冲击较大，在堂食受限的情况下，不少餐饮企业开始主动寻求新的营业方式，如提供外送服务，但是仍面临很大的资金压力，许多店主因水电费和房租而发愁。疫情暴发后昔日热闹的购物街上看不到穿梭的人群，服装专卖店、百货商店等销售额锐减，不得不关店停业。还有很多生产零售商品的工厂也无法从中国和韩国进口零部件，订单量急剧减少，被迫停业。另有建筑工程从业者可能承包或参与了某项工程，而建筑业本身就属于劳动密集型行业；在疫情蔓延的影响下，他们一方面要面临集体感染的危险，另一方面还要面临工程被迫停工带来的经济损失。

如上所述，直接受到新冠肺炎疫情冲击的首先就是非正式职工，然后是自由职业者、个体经营者等。从这点就可以看出新冠肺炎疫情带来的"阶级性"差异，同时这也正说明日本是一个不折不扣的阶级社会。

其实，大家原本就熟知非正式职工处于较为弱势的地位。但是这次新冠肺炎疫情让我们看到自由职业者和个体经营者同样面临不确定的风险。如果使用阶层论用语，新冠肺炎疫情同样反映出旧中产阶级的脆弱性，详细情况我会在第二章中论述。

一般来讲，现代社会除了资本家阶级和工人阶级这两大阶级以外，还有两类中产阶级，也就是新中产阶级和旧中产阶级。新中产阶级是伴随着资本主义的发展而新诞生的阶级，主要指在企业工作的白领和专业型工作人员。与此相对，旧中产阶级诞生于近代社会前，同时扮演经营者和劳动者两种角色。

新中产阶级和旧中产阶级是近代日本的两个"中流"。新中产阶级是拥有学历和技术，并在单位中占据一定地位的"中流"阶层；而旧中产阶级是拥有一定的有形和无形资产，且独立经营属于自己的产业的"中流"群体。这两个"中流"是多数普通人经过努力都能达到的目标，也正因此,"中流"人较多的社会才被认为是理想的社会。

然而,新冠疫情和给社会带来的冲击却凸显了这两个"中流"很大的不同。虽然不同行业之间存在差异,但总体来看,新中产阶级在疫情下可以居家办公,不仅完成了大部分工作,而且个人的岗位和工资都能得到保证。但是,旧中产阶级却面临着停业危机,甚至陷入了阶级生存的危机。

人们平常在市面上看到的很多个性小商品,大都来自街边小店或小型手工作坊。尽管大工厂的机器生产可以满足人们最低限度的生活需求,但除此以外的很多商品其实都是由旧中产阶级提供的。还有很多工人梦想着拥有一家自己的店铺或为成为小工厂主而努力工作着。即使在新中产阶级中,也有很多人想独立创业。如果未来人们都失去了成为旧中产阶级这一目标,对社会来说会是不小的损失。

旧中产阶级和非正式职工有着密切的关系,包括餐饮业和服务业在内的商店大多雇用了小时工或临时工,为非正式职工提供了大量的就业机会。一般来说,这样的岗位工资比较低,稳定性也相对较弱,但比较适合学生或家庭主妇等在某个特定时期需要工作的人群。

因此，如何加强对个体经营者和自由职业者的援助，改善其劳动条件、提高其就业稳定性，是现代日本面临的紧迫课题之一。旧中产阶级不应该就这样陷入困境，退出历史舞台。一旦那样，未来生活的丰富性和多样性将受到很大的限制。而且，目前已经发展很快的"中流崩坏"最终也会变为事实。

无论我们对"一亿总中流"抱有多少幻想，日本社会上确实存在着属于"中流"的人们。另外，尽管"中流崩坏"的说法已经流传很久了，但是属于"中流"的人们仍然存在于我们之中。直到某个时期为止，日本人都很坚信"一亿总中流"。之所以日本人相信这一点，大概是因为它表现出了一种理想的社会状态，即人人都能过上富裕且幸福的生活。因此，我们不能总是单纯去幻想"一亿总中流"的社会状态，更不能放弃努力争取在现实社会中实现这一状态的目标。自新冠肺炎疫情暴发后，坚守旧中产阶级的不可或缺性是我们要做的第一步。

本书通过系列数据，分析了日本第二次世界大战后"中流"的形成、发展以及现状，同时论述了在现代如果想要再生"中流"我们需要采取怎样的措施。主要内容如下所述。

第一章阐明迄今为止"一亿总中流"数据分析的脆弱性和片面性。"一亿总中流"的说法从20世纪70年代后开始逐步传播，并发展成强调日本社会优越性的言论。但实际上从该说法开始广为流传时，日本社会的贫富差距已经在逐步扩大了。

第二章讨论"总中流"论诞生的社会背景。"中流"这个词，包含了人们对理想生活的一种向往。之所以这么说，是因为"中流"的劳动方式是可以实现自己意志的价值劳动，区别于资本主义社会中普通工人剥离劳动意义的一般劳动。

第三章主要描述从"一亿总中流"这一说法的诞生到崩坏，再到"格差社会"出现的整个过程。这可以说是献给"一亿总中流"的一部安魂曲。

第四章引用数据对当下日本社会中的"中流"人群的姿态进行描绘。现代日本的"中产阶级"由在社会中担任重要职责的被雇佣者即新中产阶级，以及以个体经营者为主的旧中产阶级这两部分组成。但是需要注意的是，新旧中产阶级内部也有多样性的特点。

第五章讨论形成社会主体"中流"人群的可能性。迄今为止，有很多学者对主体"中流"进行了论述。有些人认为他们是法西斯主义的重要载体，有些人认为他们是为社会带来和谐的媒介，还有一些人认为他们是变革社会的主体。而现实中的"中流"与哪个"中流"更接近，需要人们根据数据进行认真思考。

第六章分析将"一亿总中流"转变为理想社会而非幻想社会的可能性，以及"中流"在其中发挥的作用。

另外，我想对本书使用的数据进行说明。

本书除了使用日本政府机关的统计数据，还使用了多项日本社会调查数据。其中最重要的是SSM调查数据和2016年首都圈调查数据。SSM调查的正式名称叫作"社会阶层和全国移动调查"，该调查的研究小组成员由以阶级、阶层研究为专业的社会学者组成。从1955年开始，每10年进行一次调查，最近一次是在2015年。在数据的使用方面，本文得到了2015年SSM调查数据管理委员会的许可。另外，SSM调查从1955年到1975年仅以男性为调查对象，到1985年才将女性纳入调查对象。因此，在观察长期动向的分析中，该调查选定男性为研究对象。至于调查对象的年龄，2005年选取的是处于20~69岁年龄段的人群，2015年选取的是处于20~79岁年龄段的人群。而2016年首都圈调查是由我牵头的研究小组实施的，调查对象从东京市中心半径50公里以内的居民中选出。这项调查选择富裕阶层或贫困阶层较为集中的地区、蓝领人群集中的地区以及养育子女数量较多的地区等具有显著特征的地区作为观察地，选取对象为20~69岁年龄段的人群，分析社会差距的扩大对这些阶层带来的不同影响。

另外，本书中有很多根据数据计算出百分比的图表，由于在数据处理过程中会有四舍五入，因此图表中会有数值合计不到100%的情况出现，特此说明。

目录

第一章

"一亿总中流"的思想 / 001

 一、"总中流"论的起源 / 002

 二、日本的"总中流"论 / 007

 三、被建构的"一亿总中流" / 017

 四、虚构的"中流" / 025

 五、正当化理论的"一亿总中流" / 032

 六、"总中流"论为何会被普遍接受 / 041

第二章

理想化的"中流" / 043

 一、鲁滨孙·克鲁索父亲的教诲 / 044

 二、两个"中流" / 051

三、工作方式中的"中流" /061

四、作为目标的"中流" /067

五、名为"中流"的幻想 /075

第三章

"一亿总中流"的崩坏 /077

一、从"一亿总中流"到"格差社会" /078

二、"中流"的分解与"阶层消费"

（第一阶段和第二阶段） /082

三、从差距扩大到泡沫破灭

（第三阶段和第四阶段） /088

四、日本走向"格差社会"（第五阶段） /097

五、解体的"中流意识" /111

第四章

作为实体的"中流" / 117

  一、"中流"的多样类型 / 118

  二、现代日本的新中产阶级 / 133

  三、现代日本的旧中产阶级 / 147

  四、"中流"的多样性与共通点 / 154

第五章

作为主体的"中流" / 169

  一、法西斯主义的主要社会基础:"中流" / 170

  二、稳健保守的中产阶级 / 177

  三、作为社会变革旗手的"中流" / 180

  四、政治意识中的三个集群 / 187

  五、"中流"的三种类型 / 203

第六章

如何让"中流"再生 /215

一、"一亿总中流"的成立与崩坏 /216

二、"中流"再生与新"总中流"
社会实现的条件 /219

三、如今"中流"的使命 /227

注释 /239

参考文献 /249

第一章

「一亿总中流」的思想

一、"总中流"论的起源

（一）美国舆论调查中的"中流"意识

问：你认为你在这个国家中属于哪个阶层？是上层（Upper）、中层（Middle）还是下层（Lower）？

上述类似的问题，尽管问题和选项的设计会有些许差异，但大概内容都一样，已经成为现在舆论调查的常规问题了。通过这些问题了解到的民众意识被称为"阶层归属意识"（或者"阶级归属意识"）。

这里提出的问题其实是正值1935年美国舆论研究所刚起步，至今闻名全球的舆论调查公司的创始人乔治·盖洛普创业不久时，实施舆论调查的一个设问。这种设问在以一个国家为对象的大规模调查中出现可以说是最早的。

盖洛普调查是基于当今社会调查常识中的科学方法进行的。作为世界影响力最大的调查组织，盖洛普公司的一举成名正是缘于85年前的那场美国总统大选,即1936年的民主党罗斯福和共和党兰登之争。当时较为出名的调查组织是美国《文学摘要》杂志社,该社从1916年到1932年,通过抽样调查连续准确预测了五届美国总统大选的结果。1936年美国总统大选期间,《文学摘要》杂志获得了200万人以上的民意数据,并预测共和党人兰登将以57%对43%的选票获胜当选总统。然而,盖洛普公司却仅对3000人做了民意调查,并预测罗斯福会赢得54%的选票当选。

结果怎么样呢?预测准确的居然是盖洛普公司。罗斯福获得60%的选票,在当时全美48个州中获得46州的胜利,获得选举人531票中的523票,最终取得绝对优势的胜利。

盖洛普公司的调查设计非常周全,它把有选举权的全体人员分成"中层收入·城市居民·女性""低层收入·农村居民·男性"等不相互重叠,又会全部覆盖的几个小组,对各个小组按照一定比例抽出对象进行调查。这种方法不仅可以避免调查对象的偏差,而且可以通过数量比较少的调查对象得到代表拥有选举权的所有人的投票意向结果。

而《文学摘要》杂志的调查，则是杂志社从购买该杂志、购买汽车及拥有电话的人员名单中选出1000万人并邮寄了纸质问卷，根据200万份问卷的返回数据得出了最终的结果。当时正值世界经济危机爆发后不久，可以订阅杂志、拥有电话和汽车的人群明显属于富裕阶层，同时也是共和党人的支持者。然而当时民主党代表罗斯福实施的政策要干预市场经济，在富人中缺乏好感和支持，因此出现这样的结果偏差和选取样本的偏差有着直接的关系。这件事情之后，《文学摘要》杂志在民众间的评价断崖式下跌，最后《文学摘要》杂志社因为经营困难而被其他杂志社收购。[1]

虽说上述的例子是一项已经过时的调查，但是用与盖洛普公司同样的方法进行调查，就可以知道当时美国国民的阶层归属意识，结果如下：上层阶级6%，中产阶级88%，下层阶级6%。

（二）近九成美国人认为自己属于"中流"阶层

从前文调查结果中的数字来看，有近九成的美国人认为自己是"中产阶级"。从这里开始,盖洛普公司呼吁道,"应当基于中产阶级的认同思考社会整体模式",结论便是"大部分美国人认为中产阶级生活方式是理所当然的"。[2]

1940年《财富》杂志也进行了同样的调查,设问比盖洛普调查的稍难些,也有对本章开头提到的两个问题的回答合计、统计情况(关于这一点在后面叙述)。统计结果与盖洛普调查稍有不同,但仍然有79.2%的人认为自己是中产阶级,认为自己属于上层阶级的有7.6%,认为自己属于下层阶级的有7.9%,没有作答的人有5.3%。[3]

根据这些调查结果,一些著名的评论家认为,美国几乎完全属于中产阶级国家,民众都认为自己属于同一个巨大的中产集团。[4]所谓中产阶级正如其名,是指在上下各有不同阶级的情况下,如果上下阶级只有少数人,那么事实上几乎所有人都属于同一阶级,这样也就和无阶级社会没什么两样了。类似上述通过有关阶层归属意识的统计结果来说明该社会是中产阶级社会的主张,不仅在日本,其实在其他国家很早就有了。

在第二次世界大战后的美国,这种主张得到越来越多的美国人的普遍认同。当时的美国新闻记者万斯·帕卡德（Vance Packard）在其1959年的著作《攀权附贵者》中，写了下述文字。

最近很多人认为像以前那样的社会阶级正在逐渐消失。我们经常能听到美国建立了无与伦比的平等社会这种说法。暂时听听这个意见。

不久前，一本日本知名的杂志写道："美国历史上第一个真正的无阶级社会已经到来。"数周后，日本某出版社将美国阶级的"消失"当作"现代最大的新闻"大肆称赞。还有一段时间，日本某市场调查研究所所长说，美国现在是"最大的中产阶级国家"。[5]

（三）反共产主义的影响

据帕卡德称，这种风潮甚至蔓延到社会学者身上，很多学者认为美国几乎没有阶级，而且关于阶级的研究也几乎没有了。比较讽刺的是，美国的社会学家对巴布亚新几内亚的阶级状况都很熟悉，而对本国的阶级现状却一无所知。

记者芭芭拉·艾伦瑞克也同样表示，"由于大家都相信美国没有阶级的神话，美国的社会学也变得一贫如洗了"。据她说，这个"没有阶级的神话"和20世纪50年代的反共产主义有直接的关系。当时，共和党参议员约瑟夫·麦卡锡的演讲使清除共产主义者的运动非常激化，很多政府相关人员、电影人、知识分子被当作共产主义者而受到了迫害。在这样的情况下，"美国不存在阶级"成为"美国公认的意识形态"，如有不相信的人会有被大学开除或出版社拒绝出版其作品的危险。也正因此，当时的美国社会无法正常讨论和交流社会不平等问题。[6]

二、日本的"总中流"论

（一）幻想的"中流"意识

日本虽然没有发生像美国一样有关阶级的政治迫害，但没过多久也走上了同一条"中流"之路。最初主张日本进入"中流"社会的是经济企划厅的官员。1967年日本公布

《国民生活白皮书（1966年）》，书中围绕"阶层归属意识"面向国民做了相关舆论调查。结果显示，日本人认为自己生活程度属于"中层"的比例逐年增加，在1965年达到50%。其中"中下层"占比29%，"中上层"占比7%。"上层"与"下层"所占比例仅有1%和8%，另有选择"不知道"占比5%。《国民生活白皮书（1966年）》称这种变化为"中产阶级意识的增大"，并指出随着1960—1961年日本经济的高速发展，城市化同步加速以及工薪阶层的不断增多，总体社会呈现出商品生产多样化、收入均衡化、生活方式西式化等特点。舆论调查反映出从意识层面来看，国民生活水平的差距已逐步在消失。

之后，1970年日本公布的《国民生活白皮书（1970年）》（经济企划厅）在开篇就提到了关于国民生活均质化现状的内容，并指出从"家庭收支调查"结果来看，日本各地区、各阶层之间的收入差距在不断缩小。同时，"国民生活舆论调查"的结果显示，1969年日本人认为自己属于社会"中中层"的有52%，"中下层"的有30%，"中上层"的有7%。也就是说属于"中层"的共有89%，充分显示"中流意识普遍化"。《国民生活白皮书（1970年）》进一步指出，通过调查发现，"伴随着20世纪60年代日本经济的高速发展，收入与消费的差距在缩小，国民意识层面的差距也在不断缩小"。执笔完成该白皮书的是当时任职于经济企划厅的官方长官会计科长岩田幸基，在白皮书发布一年后，他出版了自己的新书《现代的中流阶级》。在新书的创作过程中，岩田得到了经济企划厅三位同事的大力协作。某种程度来看，该书可以被视为《国民生活白皮书（1970年）》的续编。另外，该书中开头部分引用的数据图表，也是非常夺人眼球的。

日本被称为世界上罕见的"无阶级社会"。不论是英国、法国等欧洲各国，还是自称为自由平等化身的美国，实则在其社会内部都存在着严重的阶级歧视。但是在日本，站在任何一个街头，如果问过路的人，"你认为自己属于社会的哪个阶层"，恐怕100人中有90人以上都会回答"大概是中层吧"。大家都认为自己属于同一个阶级，日本便成为"一亿总中流"社会，换言之也就是所谓的"无阶级社会"。[7]

尽管没有做严谨的国际比较,很多人仍认为日本是世界上罕见的"无阶级社会",之后"总中流"论在一段时间里比较普及。日本社会学家神林博史曾在其著作中如此评论,"恐怕只有全国(日本)各地的中老年男性如此认为吧"。神林的这本书后来被认为是"总中流"论的源头。[8]同时,我们也要注意,英国、法国等欧洲社会毋庸置疑是阶级社会。而且,尽管美国对自己的阶级社会状态予以否认,但其实美国也是不折不扣的阶级社会。

不过,在《国民生活白皮书(1970年)》中,岩田并没有对"中流意识普遍化"这一现实大肆礼赞。例如,该白皮书中指出:一方面,现代日本"新商品不断出现,消费的高度化也正在急速发展";另一方面,随着"中流意识和信息爆炸的不断发展,示威活动[9]和依赖性[10]也在不断加剧"。因此,容易出现"膨胀的欲望与现实之间存在差距"的矛盾,从而引发人们内心欲求的不满。而且,岩田在其书中还以"探求国民意识与生活的差距"为题,专门设置一章论述了"欲望永不满足的中产阶级"。具体指虽然在国民意识调查中认为自己属于"中流"的人较多,但实际上他们并没有获得与之相符的收入、地位、财产等。归根结底，"中流意识只不过是意识层面的一种感觉，实际生活远非如此"。从这个意义来看，岩田对人们热议的"总中流"论还是保持了一定的分寸和几分冷静。

（二）盲目自信的日本社会礼赞

人们真正开始失去冷静是从1977年10月公布的《国民生活白皮书》开始。这本白皮书由三章组成，第三章的题目是"生活意识的变化与未来的课题"，主要内容列举了日本与欧美诸国相比"更加富裕的事实"。尽管日本的人均国民收入比瑞典、美国、联邦德国和法国低，但是却比英国和意大利高，而且人均年度个人储蓄额成为世界最高。虽然日本的个人金融资产总额不及美国，但是接近联邦德国，远超英国。此外，日本的平均寿命与瑞典相同，也远远高于其他国家。日本的彩电普及率为94%，高于美国的67%，达到世界罕见的高度。除此之外，这本白皮书还列举了日本升学率较高，犯罪率较低等社会现状。

这本白皮书还显示了日本人在经济上的均等化。从1960

年到1976年，日本个人收入的基尼系数（表示差距扩大的一个统计指标，在差距最大时为1，几乎没有差距时取值为0）到20世纪60年代末均保持较低水平，此后一直保持不变，同时金融资产的基尼系数也呈现同样特征。不同职业、地域之间的工资差距在逐步缩小。经济合作与发展组织（OECD）的国际比较显示，日本基尼系数在发达国家中最低，也就是说"该国相当平等"，或者说"没有特别贫穷的人"。

这本白皮书同样公布了"国民生活舆论调查"的统计数据，也是关于"中流意识"的调查。其设问与回答分布，依次如下（这本白皮书显示的是经过四舍五入后的数字）。

问：您家的生活水平，从社会平均情况来看属于什么水平？

答：上层0.6%；中上层7.5%；中中层59.2%；中下层23.4%；下层5.0%；不知道4.2%。

也就是说，认为自己是"中层"的人占比最多，达到90%，其中"中中层"的人占比达到59%。由此说明，在日本社会中，"很多人认为自己是'中层'，尤其是近六成的人认为自己是'中中层'"。

最后,这本白皮书这样写道,"中产意识越强,'落伍的人'就会越发悲惨"。即使这些人受过教育,这也是一个无法避免的问题。但是,可以说这是出于对日本社会十分自信的一种赞扬,特别是与西方国家比较后所强调的日本比较突出和优越的地方,从某种程度来看也是一种民族主义的体现。

(三)庞大的"新中产阶级"出现

几乎在同一时期,日本经济学家村上泰亮在有九成的日本人认为自己属于"中流"的调查结果基础上,开始了日本社会论研究。最初是在1977年5月20日,村上将一篇题为《新中产阶级的现实性》的小文章发表于《朝日新闻》晚间版上。村上在其文章中写道:"经过调查发现,日本国民认为自己生活水平为'中层'的占比达到90%,其中认为自己属于'中中层'的占比为60%,与白皮书中的统计数字完全一致。"

为何会有如此多的日本人认为自己属于"中层"呢?因为日本的社会结构发生了很大变化。在日本经济高速增长后，人民生活水平不断提高，收入差距逐步缩小，蓝领和白领的差别也似乎变得模糊了。无论在城市还是农村，城市化都在悄然进行，科长、事务职员、工长、工人、店主、店员、农民等不同从业人员的生活方式并没有太大差别。另外，在大众传媒和教育发展的影响下，人们的意识也逐步趋于平均化。因此，村上在其著作中提到，"不论从生活方式还是心理意识层面看，越来越多的人处于既不是上层也不是下层的中间层，而且形成一个巨大群体"。同时，村上将这一巨大群体的形成称为"新中产阶级的成立"。

村上的观点引起了日本社会各界的热议，其中批评的声音比较多，报纸上也争论不断，之后一度被称为"新中产阶级争论"。很多人认为村上的结论比较草率，不能因为认为自己属于"中层"的人增多了就下定论认为日本大多数人是"新中产阶级"。关于这一点村上在后续中也进行了修正。但是，不管对村上的批评是否正确，或是村上的回答是否正确，从社会各界广泛接受其主张这一点看，该场争论实际是以村上的绝对胜利而告终的。

之后,村上于1984年出版了《新中产大众的时代》,书中更加系统地阐述了自己的见解。以"阶层的非结构化"为题的核心部分宛如村上的胜利宣言。文章开头提到,村上从"关于国民生活的舆论调查"中得知,"中层"占九成,"中中层"占六成。"根据该舆论调查的结果,类似于'一亿总中流''无阶级社会'等的讨论其实已经很久了。正因为这个讨论被很多人反复提起,所以在民众看起来这样的说法似乎已经是一个常识了。"此外,书中还提到舆论调查中"只依赖对一个问题的回答便得出日本社会已实现'一亿总中流'这样的结论是很不合理的",村上自己像是一位公正的裁判开始了下面的讨论。

(四)阶层化的三个层次

村上认为,对于人们之间产生序列的"阶层化",有必要区分三个层次:一是"经济阶层化",二是"政治阶层化",三是"文化阶层化"。在日本近代社会前,这三个层次有成为一体的倾向,但是到了近代社会却呈现出各自的独立性,而且各层次之间的排序也不尽一致。之后,村上开始探讨现代日本的三个层次的阶层化。

首先,在经济层次,由于受收入均等化以及福利政策财产再分配效果的影响,大部分人属于"亚有产者"①,加之股东和经营者的影响力减弱,阶层化呈现出减弱的特点。其次,在政治层次,一方面普选也使阶层化减弱;但另一方面由于行政机构和企业组织的等级制度得到强化,阶层化又在增强。最后,在文化层次,由于生活方式均质化、教育普及和大众传媒影响等原因,阶层化同样逐步减弱。因此,村上认为除政治层次外,其余层次中阶层化都在不断减弱,而且各层次呈现不同特点,所以大部分人都无法意识到自己属于"下层",进而会有九成的人认为自己属于"中层"。在这里,村上撤回了过去关于"全部均等"的极端论调,通过对各层次的分析,认为即使同属"中层"的人们之间也存在着多样性,建议将"新中产阶级"换为"新中产大众"等。但是,大部分日本人认为,即使

---

① 村上将在经济大繁荣期生成的"新中产者"称为"亚有产者",区别于拥有既得利益的旧中产阶级。——译者注

是"新中产大众",其实没什么太大变化。

三、被建构的"一亿总中流"

(一)被人们遗忘的"阶级"用语

正如村上所说,在20世纪80年代之前,"一亿总中流"已经变成了一种日本社会中的常识。社会科学研究者也同样就这一点达成了共识。和美国一样,学者们几乎不再使用表示人们之间存在差距的"阶级"一词。在欧洲人写的著作和论文中,经常看到有作者使用"阶级"这个词,但是在将其翻译成日语或者用日语著作或论文来概括这一概念的时候,该词却经常被翻译成"阶层"或"社会阶层"。

"阶层"这一用语在美国社会学中首次使用,是一个社会学概念,而阶级更多来源于马克思主义理论。阶级主要是根据在生产关系中人们所处的地位对不同的人群进行划分,在一种特定经济结构中,一个集团能够占有另一个集团的劳动成果。阶层则是根据人们所处的社会地位在社会体系层级内对不同人群进行划分，没有利益的对立，也没有明确的集团归属，更像是一种社会内部的横切。[11]就村上讲的三个层次而言，人们在经济、政治、文化的各个层次中，几乎不存在明确的集团归属和利益对立。

虽说是"一亿总中流"，但也不可能消除其中所有的差距和序列。而且，以"一亿总中流"这一"常识"为前提来看，如果将其中细微的差别和序列看作问题，当然不是用"阶级"这个词，而是要用"阶层"这个词。这样，在日本的社会学中，"阶级"同样几乎成了被遗忘的用语。

之前我认为日本与美国会有所不同，在使用阶级用语时不会有政治压力，但其实后来发现日本和美国没什么两样。我于1982年升入研究生院，在研究生入学面试时，老师问我："你入学后，该不会不做研究而转去做社会运动吧。"可能是因为我当时使用了"阶级"这个马克思主义的概念，被别人认为我可能和左翼运动有关系（其实也是有关系的）。在研究会和学会发表的场合，在发表内容本身之前，我曾多次被问到"为什么使用阶级这个用语""日本不是没有阶级吗""不应该使用阶层这个用语吗"等问题。另外，在应聘大学教师时，我好几次收到过不予录用的通知，研究室的教员暗示我说，"有人说桥本君是马克思主义者所以不能录用"，并暗中建议我更改研究方向。在这样的研究环境中，周围的研究生可以说几乎没有人还会再使用"阶级"这个用语了。

（二）被诱导回答自己属于"中流"的人们

对于这种"总中流"论，其实早有人对此进行了有力的批判。最初是理查德·森特斯（Richard Centers）于1947年针对之前介绍的盖洛普调查和《财富》杂志的调查提出的反对意见。

森特斯认为，阶级这种说法，有时并非是可以直接使用的。例如，从事实际劳动的人把自己称为是"工人""工人阶级""劳动人民的阶级""劳动者""劳动阶级"等，而从社会科学者的角度来看不会使用类似"下流阶级"一样的说法来概括他们。因为"下流阶级"这个词有种类似失败者的贬义,而"劳动者""工人阶级"等词语则表示对社会做出贡献的人。因此,森特斯认为,应该在"上流阶级""中流阶级""下流阶级"的基础上再加入"工人阶级""不知道""不相信阶级的存在"这三个选项,于是他用这六个选项设计了一份调查,结果如下。[12]

问:如果你被问到自己属于中流、下流、工人、上流这四个阶级中的哪一个,你会如何回答?

答:上流阶级 3%;中流阶级43%;工人阶级51%;下流阶级1%;不知道1%;不相信阶级的存在1%。

结果显示,回答自己属于"中流阶级"的人最多,然而其实他们之中很多人认为自己是"工人阶级"。他们在回答只有三个选项的设问时,由于没有其他选择,只能被诱导回答自己属于"中流"。另外,森特斯也提到了关于《财富》杂志的调查结果,他认为《财富》杂志也是强行将被调查者分类为"中流"。统计结果显示,中流阶级占比为79.2%,我将原来的提问从原来的报道中进行整理提取,如下所示。

问:在美国如果用一个词来表述你所属的阶级,你会选择哪个词?

选项:上流;中流之上;中流;中流之下;下流;工人·劳动者;失业者·无业者·弱者;创业者·专业技术人员·白领·董事;其他;不明白。

答:上流1.6%;中流之上1.7%;中流38.6%;中流之下0.4%;下流1.2%;工人·劳动者10.6%;失业者·无业者·弱者0.3%;创业者·专业技术人员·白领·董事2.0%。

其他类:其他上流1.3%(最良好、最好等);其他中流之上(平均以上,良好)0.8%;其他中流(一般,普通)5.5%;其他下流(贫穷、贫民、底层人民等)2.8%;其他(美国人阶级、自由思想阶级、良民阶级、外国人阶级、黑人阶级等)5.7%;不明白27.5%。

根据统计结果可以看出,此项回答呈现出多样性特点。选择"上流""中流之上""中流""中流之下""下流"的,合计仅为43.5%,而"其他类"为16.1%,"不明白"为27.5%。

因此,《财富》杂志让没有选择从"上流"到"下流"的56.5%的回答者回答了以下另一个问题,结果分布如下。

问：如果必须用以下三个词中的一个来表示你所属的阶级，你会选择哪一个？

答：上流阶级 10.6%；中流阶级68.2%；下流阶级11.9%；不明白9.3%。

（三）九成"中流"的真相

就这样，在前面的提问中没有选择"上流""中流""下流"的回答者中，近七成被重新归类为"中流"。该结果与之前明确进行"中流"选择的回答者合计，结果为79.2%是"中流"。

从上述统计我发现，人们有各式各样的归属意识，而且很多人其实并不能正确地把握自己的归属阶层。但如果一定要让人们从"上流""中流""下流"中选择，自然会出现选择认为自己属于"中流"人群较多的结论。

因此，如果问同样的问题，基本上无论在哪个国家都会得出属于"中流"的人群最多的结果。这个结论早在1980年以前就已得出，见表1-1的调查结果。除英国以外的国家，回答认为自己属于"中流"的人几乎占到九成，不同国家之间也没有太大差别,日本在其中的数值也很高。只有英国在选项中使用了"工人阶级"而不是"下层"的说法进行调查,因此其结果的分布自然也呈现不同结果。但是其实该调查结果和森特斯的结果非常相似,两者也可以放在一起进行比较。

表1-1 阶层归属意识的国际比较(1979年)

国家	上层	中上层	中中层	中下层	下层
澳大利亚	1.1%	8.6%	72.8%	10.4%	2.7%
巴西	4.4%	13.1%	57.4%	17.2%	5.5%
加拿大	1.2%	14.2%	68.8%	11.8%	2.2%
法国	0.4%	10.9%	57.7%	25.2%	5.3%
印度	1.2%	12.0%	57.5%	21.7%	7.5%
意大利	0.7%	7.0%	56.9%	22.2%	8.0%
日本	1.1%	12.5%	56.0%	24.4%	5.0%
菲律宾	1.3%	7.0%	67.1%	18.5%	5.9%
新加坡	1.0%	3.9%	74.2%	16.2%	3.0%
韩国	1.1%	14.7%	51.0%	23.7%	9.0%
英国	0.1%	2.2%	31.6%	9.1%	42.5%
美国	1.9%	15.7%	60.7%	17.4%	3.6%

续表

国家	上层	中上层	中中层	中下层	下层
联邦德国	1.8%	11.2%	62.5%	20.0%	3.6%

资料来源：1980年国际价值会议事务局《13个国家阶层归属意识价值观数据册》。

注：设问为"如果社会分为以下5个阶级，你认为自己属于哪个？"选项为"1.上层；2.中上层；3.中中层；4.中下层；5.下层。其中，英国第5选项是工人阶级。"

1980年1月1日的《朝日新闻》对上述调查结果进行了介绍，其中有一篇标题为《中流意识是世界的潮流》的文章正文中记述，"一直以来我们都知道九成的日本人属于'中流意识'群体，实际上这组数据表明了世界上很多国家的人都有这种'中流意识'倾向"。因为这篇文章登在了1980年首日的《晨报》上，应该有很多人看到了。当然这并没有给"一亿总中流"这一"常识"带来任何影响，反而有更多的人看完该文章后更加坚信"日本是'一亿总中流'的社会"。

四、虚构的"中流"

(一)"中流"的真相

从1970年开始,关于"一亿总中流"的论调广为流传,那么认为自己属于"中流"的都是什么样的人呢?本文试着用1975年SSM调查来做简要分析。

与"关于国民生活的舆论调查"不同,关于阶层归属意识的设问没有"生活程度"的限制,而且选项也分为"中层"和"下层"两种,关于阶层归属意识的设问和调查结果如下。

问:假设现代日本社会如下表所示分成五个阶层,你认为自己属于哪个阶层?

答:上层1.2%;中上层23.4%;中下层53.0%;下上层3.9%;下下层3.9%;未回答1.8%。

如果将"中上层"与"中下层"进行合并,属于"中层"的合计为76.4%。只有在认为自己属于"上层"的回答结果中,该调查得出的结论和"有关国民生活的舆论调查"一样。而由于"下层"分为两部分,所以"下上层"容易被选择,而选择自己属于"中层"的就相应变少了。但是,正如前文多次指出的那样,这个设问的回答与职业、收入、学历等现实中影响人们社会地位的因素并没有太紧密的关联,如表1-2所示(此处统计排除了"未回答"这一选项)。

表1-2 各类别属性下的阶层归属意识

类别属性		上层	中上层	中下层	下上层	下下层	"中层"合计
学历	大学毕业	0.8%	35.7%	53.8%	7.9%	1.8%	89.5%
	高中毕业	1.3%	22.3%	55.1%	18.1%	3.2%	77.4%
	初中毕业	1.3%	20.1%	53.0%	20.1%	5.6%	73.1%
职业	专业技术、管理、事务性工作	1.3%	31.1%	53.2%	12.1%	2.3%	84.3%
	销售、服务业	1.0%	25.4%	53.5%	17.3%	2.8%	78.9%
	体力劳动	1.2%	17.3%	55.7%	20.8%	5.0%	73.0%
	农林渔业	1.3%	24.1%	53.3%	17.0%	4.2%	77.4%

续表

类别属性		上层	中上层	中下层	下上层	下下层	"中层"合计
家庭年收入	175万日元以下	1.4%	14.9%	53.2%	21.2%	9.3%	68.1%
	175万~275万日元	1.2%	20.4%	52.9%	21.6%	3.8%	73.3%
	275万~425万日元	0.8%	25.5%	56.8%	15.4%	1.5%	82.3%
	425万日元以上	1.6%	40.5%	49.6%	6.1%	2.1%	90.1%
合计		1.2%	23.8%	54.0%	17.0%	4.0%	77.8%

资料来源：根据1975年SSM调查数据计算而得。

从表1-2可以看出，在持有大学文凭的人中，认为自己属于"中上层"的占比35.7%，远超过只有初中文凭的人。但是，"中下层"的占比几乎没有因学历的不同而有所差别。在初中毕业的人中，超过七成的人认为自己属于"中层"，和大学毕业的人的差距仅为16%左右。由职业的不同所带来的差别更小，不同职业的人群在"中层"阶层归属上的差别最大也不过是1%左右。虽然家庭年收入的差距会稍稍加大人们在阶层归属上的差距，但不同收入阶层

第一章　"一亿总中流"的思想

认同自己属于"中下层"的人比例都很相似，不同收入阶层的人群在"中层"阶层归属上的差距略微超过20%。调查开始时，很多研究者试图弄清为什么人们的社会地位不尽相同但同样都选择认同自己属于"中层"，可是最终还是没有得出实质性的结论。比较有说服力的是，直井道子在其著作《生活假说》中提到的一样，很多人认为自己的生活比较"普通"，因此会倾向选择认同自己属于"中层"。

实际上，在SSM调查中，继之前的提问之后，还提出了有关阶层归属意识的另一个问题，请被调查者从"工人阶级""中产阶级""资本家阶级"中选择自己的从属阶级。

问：如果把日本社会全体分为如下所示的三个阶级，您认为自己属于哪个阶级？

答：工人阶级 69.6%；中产阶级22.9%；资本家 5.1%；未回答2.3%。

在调查中使用"阶级"这样比较生硬的语言，研究者也会思考被调查者是否能够真的理解设问，但是选择"未回答"的人占比仅有2.3%，和之前设问的差别也不太大。比较有意思的是，有接近七成的人选择了"工人阶级"，只有不到两成的人选择"中产阶级"。当然,"中流"和"中产"的语感还是不大一样,后者是指"中等左右的生活水平"以及"拥有差不多等同中间水平的财产",所以不能将二者简单地进行比较。尽管经济企划厅的官员和村上等人都在宣扬日本进入了"九成中流"的时代,但实际上认为自己是"中产阶级"的人仅有不到两成,约有七成的人认为自己属于"工人阶级"这一事实值得注意。

和表1-2类似,表1-3按照基本类别属性统计不同阶级、阶层归属占比("未回答"群体并未计算在内)。

表1-3 各类别属性下的阶级、阶层归属意识

类别属性		工人阶级	中产阶级	资本家阶级
学历	大学毕业	53.6%	41.7%	4.6%
	高中毕业	73.2%	21.8%	5.0%
	初中毕业	77.0%	17.3%	5.8%
职业	专业技术、管理、事务性工作	60.8%	33.6%	5.5%
	销售、服务业	63.7%	30.8%	5.5%
	体力劳动	83.5%	11.5%	5.0%
	农林渔业	73.6%	19.7%	6.7%

续表

类别属性		工人阶级	中产阶级	资本家阶级
家庭年收入	175万日元以下	81.3%	13.8%	4.9%
	175万~275万日元	79.1%	17.2%	3.7%
	275万~425万日元	66.4%	27.9%	5.7%
	425万日元以上	51.9%	39.8%	8.3%
阶层归属意识	上层	1.2%	23.8%	54.0%
	中上层	50.6%	41.8%	7.7%
	中下层	74.2%	21.7%	4.1%
	下上层	87.8%	8.2%	4.0%
	下下层	85.4%	8.7%	5.8%
合计		71.3%	23.5%	5.3%

资料来源：根据1975年SSM调查数据计算得出。

（二）差异较大的"中上层"和"中下层"

值得注意的是，认同自己属于"中产阶级"的比例根据个人基本属性的不同，会有两到三倍的差距。例如，拥有大学学历的人有41.7%认同自己属于"中产阶级"，而初中毕业的人却不到此比例的一半，仅占17.3%。从事专业技术、管理、事务性工作的人认同自己属于"中产阶级"的比例为33.6%，而体力劳动从业者也就仅占此比例的三分之一，为11.5%。家庭年收入不足175万日元的人认同自己属于"中产阶段"的比例为13.8%，而年收入425万日元以上人的比例是前者的三倍，为39.8%。

表1-3还显示了阶层归属意识和阶级归属意识的关系。认为自己属于"上层"以及"中上层"的人，同时还认为自己属于"工人阶级"的比例为50%左右。认为自己属于"上层"的同时还认为自己属于"资产阶级"，以及认为自己属于"中上层"的同时还认为自己属于"中产阶级"的回答较多。认为自己是"中下层"的同时又选择"工人阶级"的人较多。可以看出，认同自己属于"中上层"与"中下层"的人，其阶级归属意识有着较大的差异。但是在阶层归属意识中，二者都被统一为"中层"。

由此可知，如果仅从"上层"到"下层"这样一个一维尺度来衡量人们的阶层归属意识，至少在这个时候此类调查和盖洛普的提问所得出的结果一样，其实离真相相去甚远。另外，我在这里限定了一个条件，"至少在这个时候"。其理由是，近年来这个一维尺度的有效性似乎有所提高，之后会在第三章进一步论述。

五、正当化理论的"一亿总中流"

（一）贫富差距的转折点——20世纪70年代

20世纪70年代的《国民生活白皮书》中谈到，日本是一个富裕、平等的国家。同时，村上提出，在日本，不论是白领还是蓝领，不论是城市居住还是在农村居住的人们，都属于"新中间阶层"。但其实正是从这个时期开始，日本已经处于贫富差距的转折点，社会差距开始逐步扩大。

如图1-1所示，这是从1950年到2015年（基尼系数是2016年）日本贫富差距的趋势图。图中指标主要包括能代表整体收入差距的基尼系数、企业规模工资差距、产业类别工资差距、男女工资差距。基尼系数包括工资收入、其他收入等合计数值以及经过扣税、交付社会保障费用之后再分配所得的收入，其中有统计方式的变化，因此图中显示了两种数值。

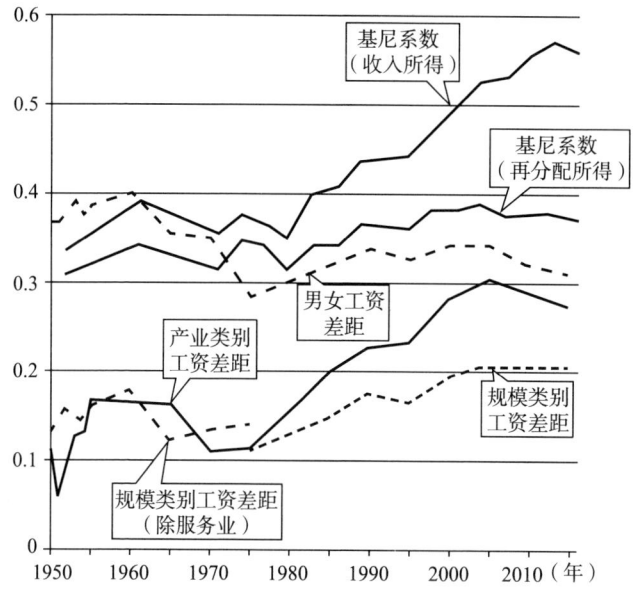

图1-1 第二次世界大战后日本贫富差距的趋势

资料来源：基尼系数根据"收入再分配调查"所得。

注：规模类别工资差距，是指500人以上和30~99人的组织，各自月工资总额之差除以二者工资总和所得出的指数。在任何时期1000人以上组织的工资都要大于30~99人的。到1970年为止，服务业的数据不算在内，1971—1982年仅统计制造业的数据，调查对象是普通劳动者，资料来源是"每月劳动统计调查"。产业类别工资差距是批发零售业和金融保险业工资的差距，同样是各自的月工资总额之差除以二者工资总和所得出的指数。在任何时期，金融保险业的工资都超过批发零售业；而且在1970年以后，所有产业类别中金融保险业的工资最高，而批发零售业的最低，资料来源同样是"每月劳动统计调查"。男女

工资差距，是指男性与女性各自每月工资总额的年平均值的差除以二者年平均工资之和所得出的指数。任何时期男性的工资都高于女性，调查对象为30人以上的普通劳动者，资料来源是"每月劳动统计调查"。

基尼系数在经济高速增长期开始下降，在20世纪70年代有些许不规则变动，到20世纪80年代达到最低值，之后呈现急速上升趋势，其他指标的趋势与此类似。企业规模类别的工资差距有两个指标，很难确定达到最低的时期，但可以明显看出，从1975年以后该数值逐步扩大。产业类别的工资差距在20世纪70年代前半期触底之后，也逐渐开始呈现扩大的特点。男女间工资差距在1975年达到最低水平后，也呈现扩大趋势。此后所有指标都同时急速上升，近些年来，除男女工资差距有显著缩小倾向外，其他指标都处于略微缩小或居高不下的状态。

与此同时，从20世纪90年代开始，社会贫富差距扩大成为热议话题。再到21世纪最初10年的中期左右，"格差社会"一度成为流行语。也就是说，日本的贫富差距扩大从开始出现到被人们熟知，已经过去了20年乃至30年。在如此长的时间里，贫富差距扩大并未进入人们的视野中，未被人们重视。

（二）北山爱郎的慧眼

对于常年致力于研究贫富差距的人来说，当初为何不能早点让社会民众知道贫富差距扩大的事实呢？对于这一点，我查阅了过去的很多资料，想找到在经济高速增长后最先提出日本贫富差距扩大的第一人。直到最近，我发现最初提出该问题的是北山爱郎，他是日本曾经第一大在野党社会党（后改名为社会民主党）人士，担任过政策审议会会长以及副委员长。北山出生于岩手县花卷市，毕业于东京大学。他进入东京市政府工作后没多久便经历了日本在第二次世界大战战败，又于1953年担任岩手县花卷町长，参加当时左翼社会党的众议院选举并当选，直到1983年落选议员为止，一共当选10次。北山精通社会主义理论、财政和农政等，对于日本左翼社会党有着较大影响力。[13]

在1977年1月1日的众议院决算委员会上，北山对于两周前公布的《国民生活白皮书》进行了激烈的批判。主要论点摘要如下。[14]

（1）从1960年以后15年间的经济社会发展来看，人们的生活是富裕了起来，社会差距也逐步缩小。但从经济高速增长结束（1974年）后三年间的变化来看，尽管自由职业者以及公司经营者的收入增加了，劳动者（被雇佣者）的收入却几乎没有任何增长。从行业组别以及规模类别的收入情况来看，这三年间的工资收入差距在逐步扩大。在上述背景下，白皮书却做出了"没有比日本更平等的国家"这样的赞美，以及类似说天下太平，"大家都是平等的中流阶级"这样的赞美，难道不是很奇怪的一件事吗？

（2）中流到底是什么。经济企划厅对于"中流"究竟是怎么理解的。意识和现实是分开的，如果我被问到调查中的问题，不管现实如何，我都不会回答我很贫穷之类的话。如果是中产阶级，会有类似生活程度这样客观的指标。当然做这样的意识调查可以理解，但并未给社会带来任何有价值的信息。

从现在来看，北山上述的言论可以说非常具有先见性。经济企划厅长官和负责政府委员分别分析了"短期和长期的变化",指出这只是"意识层面"的问题,另一方面也必须考虑"落后阶层",并不只是做出"万事如意"等自始至终都在模棱两可的论述。

当然,北山的贡献并不仅仅在于指出经济高速增长的结束,以及贫富差距开始扩大这些事实;而在于其第(2)点论点中提到一般人不会回答"我很贫穷"这样的话,这与之前森特斯曾经指出的论点是一致的。而对于"中流"究竟是什么,什么样的"中流"生活标准更有意义之类的反思,与之后批评"总中流"论的经济学家岸本重陈[15],社会学家滨岛朗[16]的主张一致。

之后,北山在1981年完成了《日本经济和国民生活》一书,书中的主要观点如下。

经济迅速增长的20世纪60年代,同时也是社会差距缩小的时期,这个时期工资、学历、年龄间的收入差距都在缩小。但进入20世纪70年代后,低收入阶层的工资提高缓慢,尤其在1973年的石油危机之后,贫富差距不断扩大。从国际比较来看,日本和欧美各国相比,劳动分配率低,企业规模工资差距较大。随着通货膨胀和地价的高涨,不同阶层之间拥有资产的差距也在扩大。类似"日本与发达国家相比'平均化'不断发展"这样的说法缺乏实证。事实上,"经济高速增长停止后,经济进一步不景气,在激烈的竞争下反而出现了社会差距逐步扩大的倾向"。

即使是专业研究者,也不敢轻易断言其实经过数年的发展,日本社会的贫富差距已经从缩小转变为不断扩大了。正因为北山是在野党的政治家,才敢提出这样的主张。但从实际结果来看,只能说北山的论调完全正确。

(三)借助"九成中流"论实现政策正当化

然而,日本政府却使用"九成中流"论来实现政策的正当化。1978年10月2日,在众议院预算委员会上,时任内阁大臣的福田赳夫在其答辩中最早借用该论调推行政策。曾任日本社会党副委员长和代议士会会长的武藤山先生对福田的论调提出了质疑。武藤先生引用恩斯特·弗里德里希·舒马赫(Ernst Friedrich schwmcher)在其著作《小即是美》(*Small is Beautiful*)中的观点,尖锐地提出制定政策的目标要从仅追求效率转变为效率与公正并存,如果效率与公正没有成为社会发展的两个轮子共同驱动发展,不仅经济发展会变慢,而且会使社会不和谐。而福田对此做出了如下回应。

武藤先生,在发达国家中,不管是"中流"还是中产阶级,我国都是最多的国家。这一点毋庸置疑,OECD的调查结果也是如此。而且,从去年开始内阁府也进行了民意调查,结果表明,有中流意识的国民不断增加。在去年的调查中,有90%的人回答自己有中流意识。也就是说,日本基本达到了财富的公平分配。这样一种能够实现财富公平的政治体制在发达国家中都是最先进的。以上就是我的观点。

可以说,福田的辩论中有着明显的事实错误。这虽然是以1977年《国民经济白皮书》为主题的辩论,但引用的仅是OECD对发达国家基尼系数的比较,由此便得出日本与美国、联邦德国、法国相比贫富差距较小的这个结论。这个调查其实并不是关于中产阶级比例的国际比较调查,调查结果仅说明认为自己生活程度属于"中上层""中中层""中下层"的人比例达到90%。

但是,福田在这里表现出的骄傲态度又是怎样形成的呢?从逻辑推理看,似乎是这样一个过程:回答自己属于

"中层"的人较多等于日本中产阶级较多,等于日本的财富公平,等于日本有着先进的政治。如果使用这样的推论方法,那政客对自己推行的政策可真谓是"王婆卖瓜,自卖自夸"。对于"国民有着较深的中流意识"这样的认识,以及对于社会差距扩大否认的看法一直延续到安倍晋三任期内。

同样的情况,在阶级社会特点较为显著的英国也经常出现。安德鲁·阿多尼斯(Andrew Adonis)与史蒂芬·波拉德(Stephen Pollard)在其著作《精英社会:英国无阶级社会的神话》(*A Class Act: The Myth of Britain's Classless Society*)[17]中对"英国已成为无阶级社会"这一错误的观念从多方事实入手进行了批评。"A Class Act"有"上层的工作、人物"的意思,但这里恐怕包含了"英国的法律只维护精英阶级"的意思。各章的章前页都引用了英国政治家、王室相关人员、各界领导人、知识分子等关于阶级的论述,如下所示。

"我们一直听说英国有着森严的等级结构,这是非常荒谬的。在许多情况下,我们都有平等的机会做任何事情,这种情况是前所未有的。"

——爱德华王子，1996年4月

其实，所谓权力的支配者往往会通过否定阶级的存在，低估阶级间的差距，从而使自己的统治合理化。

六、"总中流"论为何会被普遍接受

"中流"就一定好吗？要回答这个问题，就先要把迄今为止已经明确的结论再总结一下。

（1）国民大部分都属于"中流"、不存在阶级这一说法是1940年前后从美国开始出现的，并不是日本固有的现象。即使在被称为阶级社会的英国，也同样流传着其国民都是"中流"的说法。

（2）认为日本是"一亿总中流"社会的言论，最初出现在20世纪70年代，此后逐步升级为否定社会贫富差距的存在，强调日本社会优越性的言论甚嚣尘上。

（3）以从"上层"到"下层"这样的维度来询问阶层

归属意识的方式，其实是带有一种诱导式的设问，将诱导很多人选择"中层"。只要使用这个问题，无论贫富差距有多少，都会有很多国家的国民选择自己属于"中层"。因此，从这样的一个调查中并不能推断出大部分日本人属于"中流"的结论。

（4）在日本，所谓"一亿总中流"的论调被广为流传的时候，其实社会贫富差距已经开始扩大。尽管如此，执政党的政治家却对此熟视无睹，甚至视而不见，还将很多人回答自己是"中流"这样的结论作为推进自己政策的有力工具，即使在今天也是如此。

但是，像这样缺乏根据、对自己的政治前途同样没有任何好处的"总中流"论被广泛传播，也有其相应的原因。这恐怕是因为"中流"这个词包含给人"好的东西""令人期待的东西"或者"人们理想的生活方式"等印象，所以人们很容易认为"一亿总中流"才是最理想的社会状态。

那么这种"中流"印象究竟是如何产生的呢？我想从历史的视角去考察。

第二章

理想化的『中流』

一、鲁滨孙·克鲁索父亲的教诲

(一) 鲁滨孙·克鲁索是"中流"的原型

讨论"中流"的最佳教材,是1719年出版的丹尼尔·笛福的冒险小说《鲁滨孙漂流记》。之所以这么说,是因为这部作品整体描写了当时英国中产阶级的生活和意识,可以说书中的主人公鲁滨孙·克鲁索是延续到现代中产阶级形象的一个原型。

作品一开始就展现了中产阶级人士的形象。根据鲁滨孙的自述,他是1632年出生在英国约克市一个比较体面商人家庭中的第三个孩子。鲁滨孙有两个哥哥,大哥在英国和西班牙之间的敦刻尔克战役中牺牲了,二哥一直下落不明。鲁滨孙从小梦想成为一名水手周游世界,然而他的父亲不希望他远走高飞、出去冒险,想让他走一条正常的人生之路。父亲曾和他有过一次语重心长的交谈,原文比较长，我下边简要概括一下。[1]

出海去冒险的无非是两种人：一种是生活贫苦走投无路的人，只能孤注一掷；另一种是野心勃勃财大气粗、想出人头地的人。这两种人的身份不是比你高就是比你低，而你只是处于他们的中间状态，或者可以说是处在平民阶层的高层。我凭着长期积累的经验发现，处在中间状态的生活便是世界上最好的状态，也是最适宜于人类幸福生活的状态。

也就是说，"中流"才是这个世界上最理想的生活方式，父亲也说明了理由。因为处在中间状态的人既不必像干力气活的人那样去经历种种困苦，也不必像上层人士那样被傲慢、奢侈、欲望和嫉妒所困扰。上层和下层的人都各有人生的苦恼，但是中层的人苦难很少，身心健康问题和不安等心理也很少会有。如果过着中等生活，就可以感受到生活的平稳、健康、喜悦等。就这样，人们就可以平稳地度过自己的一生，过着幸福的生活。

鲁滨孙父亲的一番劝告真可谓是一首"中流赞歌"。而且在文中，"中流"的英文原文是"middle station"和

"middle station of life"。类似拥有"中流般的生活"才是幸福的生活这种认识可以说是很普遍了。古希腊哲学家亚里士多德在其因提出"人是政治的动物"的论断而闻名的著作《政治学》中曾阐述道,他认可自己的著作《尼各马可伦理学》之中的观点,即"中庸之道"是伦理美德中最重要的,中等生活也是最好的。具体表述如下。

无论在哪个国家,都有三种不同类型的人:非常富裕的人、非常贫穷的人和居于中间的人。因此,一般认为适度的和中间的是最好的,因为这种程度遵从的是一种理性,而过度的美丽、善良、强盛、富裕的人,或者过度的贫困、脆弱、卑贱的人都很难有理性的头脑和行为。前者大多是比较傲慢或者十恶不赦的人,而后者可能成为无赖之徒或者有些微的罪行,而所有的不正当之事也恰好是因为傲慢或者无赖而产生的。[2]

(二)"中流"的始祖——英格兰民众

笛福是近代初期的知识分子,有很多关于经济的著作,也是与近代政治活动相关的人物。在文章中,鲁滨孙父亲所说的"中流",当然不是亚里士多德所说的抽象且一般的"中间阶层",而是在当时的经济社会中有一定地位的人们。那具体是什么样的人呢？日本欧洲经济史研究的先驱大冢久雄对此曾进行过如下说明。[3]

鲁滨孙漂泊在无人岛上,觉得得救后就放心了,他去了搁浅的船上取了食物、衣服、工具、武器等物资运送到岛上,做好了生活的准备。在无人岛上他搭盖住所,用削尖的木桩在帐篷周围建上栅栏,并且制作了简单的生活用具。同时又用栅栏把土地围起来,做了好几个围栏地,开垦成农田,还养了很多野山羊。像文中这样用栅栏把土地围起来的方式英语叫作enclosure,即"圈地"。

根据大冢的说法,当时英国人生活的显著特征之一,就是像这样在圈起来的土地上进行生产活动。这里所说的"圈地",并不是指领主和富农为了建造大规模的牧场和农场从农民手中收缴土地,并由此产生了大量贫民的"圈地运动"。而是指为了农耕,甚至是为了进行农村工业生产而进行的小规模圈地。圈地者多为中小规模生产者,圈地大小一般也是从1英亩①到7.4英亩，也就是从0.4公顷到3公顷。后来这些生产者随着规模的扩大需要雇用工人经营农村工业，成为近代产业的萌芽。大冢将这些人称之为"中产生产者阶层"，也就是在英格兰最初诞生的"中流"。

根据大冢的判断，笛福认为英国和其他国家相比，中产生产者阶层非常壮大，这些人正是推动英国走向富裕的中坚力量。《鲁滨孙漂流记》以无人岛这一极端状况为背景，描绘了中产生产者的理念，甚至是英国人的理想形象。

那么，鲁滨孙从什么层面上可以说是"中流"的理想形象呢？借用大冢的评论，是因为"鲁滨孙的形象在小说中是一种近代产业经营者和劳动者的有机结合，而且两者和谐共存在一起。"《鲁滨孙漂流记》可以说将鲁滨孙这种"独资企业家"的行为描述得淋漓尽致。

鲁滨孙从破船中拿出面包、大米、奶酪、肉干、鸡饲料等，便在岛上开始了生活。因为谷物几乎都被老鼠糟蹋了，所以被扔在住处附近的石缝下。不久后，从这里长出

---

① 1英亩 ≈ 4046.856 平方米——译者注

了大麦和水稻，并结出了麦穗和稻穗。鲁滨孙非常吃惊，他感谢上天在帮助他。当然，他不会先把从这里结出的少量大麦和稻谷吃掉，而是要将这20颗左右的大麦和30根左右的稻穗好好保存。他要把自己开垦后的耕地分成两个区域，并将大麦和稻谷种在这里。但是，他其实也不知道播种的时间，为了安全起见，最初只种了三分之二左右，但因为不下雨太干燥所以没有发芽。

于是他找了一块更潮湿的土地耕种。到这个时候为止，他已经知道了雨季和旱季的来临时机，并决定在雨季之前播种。这次比较顺利，总共收获了约为0.5配克（约4.5升）的大麦和稻谷。就这样，鲁滨孙习得了播种的时期和培育方法，并且知道了播种和收获可以一年进行两次。然后他把收获后的大麦和稻谷再次全部用来播种。

然而，鲁滨孙又碰到了新的问题，野山羊和野兔跑来吃掉了谷物的幼苗。于是，他决定在田地周围装上篱笆。他用了三周左右将篱笆装好后，谷物幼苗也不断长大，然后又来了一些想要吃掉果实的小鸟。于是，他用枪打死三只鸟后，把鸟的尸体挂在稻草人身上把鸟吓跑，后来共收获了2.5蒲式耳①（约90升）的大麦和2蒲式耳的稻谷。

但是，鲁滨孙还是先把收获的粮食放在一边，开始准备下一次播种以及准备制作面包。为此，他扩大了耕地面积，并用篱笆围起来。然后，他用泥土烧制了面包炉，又制作了磨谷物的石磨和可以筛面粉的筛子。最后自己开始动手烤面包。以上这些过程可谓包括了非常出色的构思、很强的计划性以及执行力。就这样，鲁滨孙不仅"成功地烤出了和世界第一面包炉里相差不大的大麦面包，而且可以说成为一名优秀的职业面包师傅。"四年后，他已经拥有了一个人消耗不完的大麦和稻谷。

逐渐地，鲁滨孙在忙碌的生活中切实感受到了自己的幸福。漂流到岛上刚好已经两年了，他决定在纪念日那天断食，虽然被救助的希望从漂流到岛上那天开始到现在一点也没有增加，但他还是在对上天虔诚的感谢中度过了这一天。

"这时我才第一次清楚地感觉到，现在自己所过的这种

---

① 英国的一种定量单位，类似我国旧时的斗、升等计量单位。——译者注

生活，与过去自己的放荡不羁、令人厌恶的生活相比，虽然在各个方面显得寒酸不堪，但却幸福得多。"

二、两个"中流"

（一）近代社会的阶级结构

当然，像鲁滨孙那样，也就是大家称为"中产生产者阶层"的"中流"和现代的"中流"是不一样的。那么有什么不同呢？为了理解这一点，有必要了解近代社会的阶级结构。在现代社会中，与"中产生产者阶层"最接近的应该是独立经营家业的农民和工商业者。那么，这些独立个体经营者是怎么产生的呢？其实，这与封建制度的崩溃有着直接的关系。这里所说的封建制，是指近代化之前封建社会的经济结构，也就是封建的生产方式。

图2-1是封建生产方式的结构图。统治阶级是领主，被统治阶级是农民和手工业者等。农民和手工业者各自拥有

土地、工具和原料等，但并不是单独享有土地所有权，因为领主也行使对土地的所有权。这种土地所有权的双重性正是封建制的重要特点。而对于所有权的结构，一般来说，领主享有上一级的所有权，农民和手工业者等拥有下一级的所有权，这种双重构造的所有权被称为分割所有权。[4]

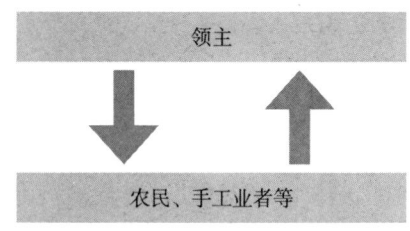

图2-1　封建生产方式结构图

领主凭借上一级的所有权对农民和手工业者等行使支配权，征收地租，即封建地租。封建地租有三种形态。第一种比较典型，是欧洲初期庄园里的劳动地租，农民在一周内的一定期间，到领主的领地为领主提供无偿劳动，这称为劳动地租。第二种是农民和手工业者等向领主缴纳一定比例的生产物，被称为生产物地租。第三种是向领主缴纳相当于生产物价格的货币，又叫货币地租。上述这三种地租形态在历史上也是按照时间顺序依次出现的，尤其第三种货币地租是出现在商品流通繁盛时期的,而在这个时期内农民和手工业者已经成为相对独立的商品生产者。这就是现代旧中产阶级产生的根源。

(二)中产生产者阶层的两极分化

这些从事独立自营事业的人们,尤其是手工业者们,已经通过相互之间的竞争形成了贫富差距,而贫穷的手工业者开始被富裕的手工业者以支付工资的形式雇用。富裕的手工业者边扩大雇用人数边扩充经营规模,被雇用者越来越多。大塚认为中产生产者阶层的两极分化正是由此开始,资本主义由此开始萌芽。

也有人对中产生产者阶层的两极分化是否可以说是产生资本主义的主要契机提出异议,但是独立个体经营者开始两极分化这件事本身就是毫无疑问的历史事实。话虽如此,独立个体经营者并不会完全消失。即使伴随着资本主义的发展,他们也会面临解体的危机,但他们仍然可以长期存续下去,这就是现代的旧中产阶级。这些人没有和其他人建立雇用关系,而是在远离资本主义一步的地方,独立进行商品生产（又被称为单纯的商品生产），把自己的生产活动形式和资本主义区别开来。

但是，生活在现代的人们看到"中流"这个词，脑海中浮现的与其说是旧中产阶级，不如说是在大企业等组织里工作的技术人员、管理人员和行政人员更多。那么，这些人是怎么产生的呢？在独立个体经营者两极分化的过程中，很多人失去了生产资料，因为生产资料逐步集中在一部分人身上。而生产资料被一部分人集中所有，其他大多数人没有生产资料，也正是资本主义最大的特征。拥有生产资料的是资本家，没有生产资料的是工人，后来他们被统称为资本家阶级、工人阶级。

一方面，没有生产资料的劳动者，既无法工作，更不能维持生计；另一方面，资本家阶级也不可能用自己一个人的力量去完成大量的生产手段，所以他们需要雇用人手。因此，两者之间建立了如下的交换关系。工人阶级向资本家阶级提供生产活动所需的体力和智力，即劳动力。而资本家阶级作为回报，向工人阶级支付工资。也就是说，在资本主义社会，劳动力是用金钱买卖的商品。这种经济结构就叫作资本主义生产方式。

如果是资本主义刚开始萌芽的时候,由于事业规模较小,资本家不仅自己策划经营事业,而且还负责招工、给雇用的劳动者下达工作指示、贩卖商品、发工资等一系列事务。但是,随着资本主义的发展,企业组织变大后,资本家阶级自己负责这种事务开始变得困难。因此,这些事务的一部分将委托给被雇用者。这些被雇用者和工人阶级同样是靠劳动力维持生计,但他们同时也扮演了资本家阶级曾经承担的部分角色。从这个意义上来说,可以称他们为中产阶级。但是他们又与旧中产阶级不同,因为他们是伴随着资本主义的发展而新产生的阶级,所以被称为新中产阶级。

(三)旧中产阶级和新中产阶级

"中流"大致分为两种类型,分别是独立经营个体产业的旧中产阶级和扮演资本家阶级曾经承担的角色的新中产阶级。图2-2展现了现代社会的阶级结构,在资本主义生产形态下,人们被分为资本家阶级、新中产阶级与工人阶级，而旧中产阶级在远离资本主义的世界里进行单纯商品生产。图2-2中的四个阶级同时也是现代社会的主要阶级。[5]

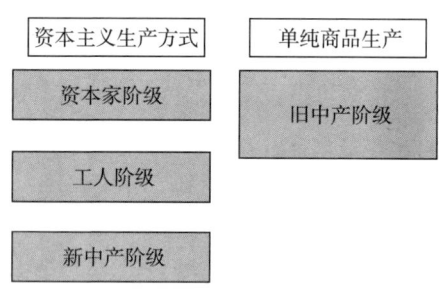

图2-2　现代社会的阶级结构

图2-3展现了从1992年到2017年日本的阶级构成，也是各个阶级在所有就业者中的比例变化图。1992年，新中产阶级占比18.3%，旧中产阶级为19.0%，两者合计占比为37.2%。但是之后，由于农业人口减少，经营工商业的个体经营者在与大企业的竞争中被逐步淘汰而减少，乃至到2017年，旧中产阶级占比变为11.8%。尽管新中产阶级增加到22.8%，但仍没有填补旧中产阶级的减少所造成的中产阶级整体的减少，两者合计减少到34.6%。此外，2017年男女阶级构成也不同，男性从事管理职位的较多，女性则从事

简单事务工作和担任非正式员工的较多,所以男性中新中产阶级较多,女性则是工人阶级多。

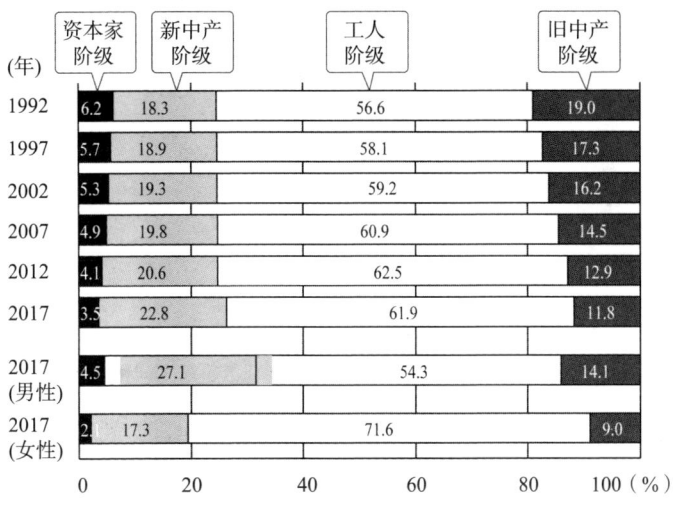

图2-3 现代日本的阶级构成

表2-1展现了4个阶级的收入和学历等基本特征。资本家阶级的个人收入最多,工人阶级最少。资本家阶级的个人平均收入是604万日元,尽管看起来并不高,但表中资本家阶级所拥有的企业大多数是以夫妻为中心经营事业的中小企业,妻子名义上是董事,其实没有领取报酬的情况很多,因此其家庭收入可以达到1060万日元。另外,如果企

第二章 理想化的"中流"　057

业的员工超过30人，资本家阶级个人平均收入是861万日元，家庭平均收入是1244万日元，也是比较可观的收入。相比之下，工人阶级的个人平均收入只有263万日元，家庭收入也只有564万日元。但是在个人收入中，有些部分是兼职主妇的收入，因为兼职主妇的存在，整个家庭的平均收入被拉低了；如果是正式职工，平均收入大约是370万日元。

表2-1 四个阶级的相关统计

项目	资本家阶级	新中产阶级	工人阶级	旧中产阶级
个人平均收入	604万日元（员工30人以上为861万日元）	499万日元	263万日元	303万日元
家庭平均收入	1060万日元（员工30人以上为1244万日元）	798万日元	564万日元	587万日元
大学毕业者比例	42.3%	61.4%	28.0%	27.2%
认为自己幸福的比例	67.9%	64.1%	52.6%	53.4%

续表

项目	资本家阶级	新中产阶级	工人阶级	旧中产阶级
对生活满意的比例	45.1%	36.3%	32.1%	32.5%
自民党支持率	47.4%	27.5%	22.6%	35.5%

资料来源：根据2015年SSM调查数据计算所得。

注："认为自己幸福的人"的比例是以满分为10点计算的7点以上人占总人数的比例。

（四）收入和学历接近工人阶级的旧中产阶级

"中流"的两个阶级都处于资本家阶级和工人阶级中间。如果比较二者的收入，很显然新中产阶级较多。在收入方面，旧中产阶级与工人阶级没有太大差别。尤其值得关注的是，旧中产阶级的个人平均收入约303万日元，大大低于全职劳动者的个人收入。但是，这和资本家阶级的情况一样，大部分是由于家庭中有无薪家庭人员而导致的，总家庭收入相对多一些，为578万日元。大学毕业生占比最高的是新中产阶级，为61.4%。这反映了被雇用者如果是大学毕业生就容易被定位在新中产阶级，如果是非大学毕业生就容易被定位在工人阶级的情况。在资本家阶级中,大学毕业生占比为42.3%,也不太高,旧中产阶级为27.2%,和工人阶级差不多,从侧面说明经营家业不一定需要学历。

"认为自己幸福的人比例"和"对生活满意的人比例"与收入多少基本对应,资本家阶级最高,新中产阶级其次,工人阶级和旧中产阶级最低。在资本家阶级和新中产阶级中,认为自己幸福、对生活比较满意的人比工人阶级和旧中产阶级要多得多。

自民党的支持率在资本家阶级中较高,旧中产阶级紧随其后,在新中产阶级和工人阶级中较低。这反映了自民党传统上将管理者和个体经营者作为其坚实的支持基础。但是旧中产阶级的自民党支持率曾经和资本家阶级处于同一水平,从1965年到1985年达到了60%,可以看出其政治倾向的中间性特点。从收入和学历这一指标来看,旧中产阶级与新中产阶级相比,更接近于工人阶级,其实对于旧中产阶级能否维持其"中间"立场,还是有些疑问的。

三、工作方式中的"中流"

（一）不同的"中产"含义

新中产阶级顾名思义就是位于资本家阶级和工人阶级中间的一个阶级。与此相对，旧中产阶级并不是位于这二者中间的阶级，而是在兼有资本家阶级和工人阶级性质的同时，独立经营进行商品生产的中产阶级。因此，两者的"中产"意思并不相同，同时二者的劳动方式也有差别。

由于所属阶级不同，工作的性质、方式都会有着明显的不同。关于这一点，美国的劳动研究者哈里·布雷弗曼（Harry Brauerman）曾提出过"计划与执行的分离"这一思考路径，按照这个思路，我们能更容易理解其中的原理。[6]

根据布雷弗曼的说法，人类的劳动原本就是由劳动本身，即"执行"，和在执行之前引导的"构想"构成的。以本能行动的动物，没有构想和执行的区别，两者浑然一体（像黑猩猩一样拥有高度智商的类人猿情况可能有所区别，但在此暂且不提）。同时，构想和执行是可以分离的。他说："当然，必须先有构想，构想指导实践，但也可以有人提出构想，另一部分人去执行完成。"这样，只有一部分人从事计划、决定、设计等与构想相关的劳动，其他人只从事与实践相关的劳动，"构想与实践"二者的结构就建立了。

按照构想和执行的思考路径，各个阶级处于不同的位置。资本家阶级和工人阶级可以说是典型地代表构想和执行分离的两个阶级。资本家阶级即使企业规模不同，也能从与执行相关的劳动中解放出来，只承担涉及构想的劳动，特别是承担与企业经营相关的决策。工人阶级只承担与执行相关的劳动。

（二）从事异化劳动的工人阶级

这种劳动方式的不同，和收入、生活水平一样，是资本家阶级和工人阶级最重要的区别。之所以这么说，是因为这关系到是否能通过劳动感受到工作的意义和价值，以及是否能通过劳动实现自我。一般来说，与构想相关的劳动是能够实现自己意志的有价值劳动。与此相对，只涉及执行和实践的劳动类似一种体力劳动，很难感受到劳动本身的意义。马克思把这种劳动称为"异化劳动"。异化本来的含义是指人（主体）的创造物同创造者相脱离，创造物不仅摆脱了人的控制，而且反过来变成奴役和支配人的、与人对立的异己力量。马克思认为，在资本主义社会中，工人创造了财富，而财富却为资本家所占有并使工人受其支配。因此，这种财富及财富的占有、工人的劳动本身皆异化成为统治工人的、与工人敌对的、异己的力量，这就是劳动异化。

（三）拥有生产资料的旧中产阶级

既拥有生产资料，又能通过自己的劳动实现目标的旧中产阶级，其实承担着构想和执行两方面的责任。确实，"（旧中产阶级）是近代产业经营中经营者和劳动者的有机结合，而且两者和谐共存"。[7]鲁滨孙在无人岛的生活中感受到的幸福，应该是这样的劳动带来的。

(四)与异化劳动并非无关的新中产阶级

那么,新中产阶级又是怎样的呢?在资本家阶级的领导下,不论职业种类和职位有何不同,他们承担着中间部分或在细微层次与构想相关的劳动,以及将构想与实际执行相结合的繁杂事务。比如,为了实现资本家阶级的构想,他们需要思考满足怎样的条件才能实现构想,或者如何按照资本家阶级的构想促使工人阶级劳动。也就是说,新中产阶级承担了构想层次中的下游部分,以及如何将构想与实际执行相结合的角色。当然,这与经营者和劳动者相结合的旧中产阶级的形象特点有着较大的差别。也就是说,新中产阶级的劳动有点像将构想和执行统一的工作——鲁滨孙的劳动中掐头去尾留下的中间部分的劳动。

布雷弗曼认为,新中产阶级"不仅获取了小份额的资本特权和报酬,还带有无产阶级状态的标志"。特别是事务性劳动者、下级技术人员、护士、教师、经理、主管等,"他们已经逐步意识到自己在工作中终究中是一个被雇用的身份,处于一种从属状态"。[8]新中产阶级不可能和异化劳动无缘。

（五）两个中产阶级的较大差别

新中产阶级和旧中产阶级在意识方面还有着较大的差异，图2-4显示的是四个不同阶级人群工作的相关情况。横坐标的第一项是"可以自己决定工作内容及节奏"，这个

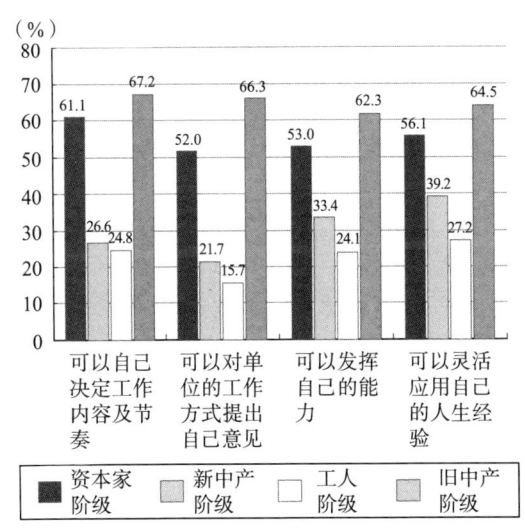

图2-4 不同阶级类别下的劳动方式

资料来源：2015年SSM调查数据计算得出。
注：纵轴表示回答"相当符合"人的比例。

指标其实也是关于工作自由度的调查,也就是说自己能够在多大程度控制工作方式。结果表明,自由度较高的是资本家阶级以及旧中产阶级,而自由度相对较低的是新中产阶级与工人阶级。其中,资本家阶级的自由度之所以比旧中产阶级略低大概是因为资本家阶级中也有不是太自由的低级别管理人员。新中产阶级和工人阶级之间的自由度差异则几乎可以忽略不计。

横坐标第二项为"可以对单位的工作方式提出自己的意见",该项是调查在单位(某阶级)拥有多少权限的问题。结果同样与上述情况几乎一致,权限较多的是资本家阶级与旧中产阶级,较少的则是新中产阶级与工人阶级。资本家阶级的比例同样略低于旧中产阶级,而新中产阶级与工人阶级尽管有些差距,但并不大。

横坐标的另外两项分别是"可以发挥自己的能力""可以灵活应用自己的人生经验",这两项的调查结果与上述一致,比例较高的同样是资本家阶级和旧中产阶级,而比例相对较低的是新中产阶级与工人阶级。但是,新中产阶级和工人阶级之间还是有着实质性的差异。同样是被雇用者，新中产阶级和工人阶级相比，有着可以发挥自己能力及经验的机会，这也恰巧说明新中产阶级不会成为像工人阶级那样从事异化劳动的人。即使这样，新中产阶级和资本家阶级、旧中产阶级相比仍然有着较大的差异。

也就是说，无论从哪一项来看，作为生产资料的所有者而不是被雇用者的资本家阶级、旧中产阶级和被作为雇用者的新中产阶级、劳动者阶级之间的差距都很大。前者作为所有者，可以自己决定劳动的应有状态、承担与构想相关的劳动，而后者作为被雇用者只有新中产阶级可以参与与构想相关的一部分劳动。简言之，正因为能够承担与构想相关的工作，才能发挥自己的能力和经验。

四、作为目标的"中流"

（一）以向"中流"阶级移动为目标

资本家阶级是资本主义社会的统治阶级，是上层阶级。

但是，除了能继承一定规模家业的幸运人士之外，普通人成为该阶级的可能性很低。而且，在经济高速发展的时代背景下，普通劳动者通过自身奋斗努力晋升为企业经营者的可能性较大，但是如今从其他阶级向资本家阶级移动的机会正在大幅缩小。[9]而且即使其他阶级可以向资本家阶级移动，一步跨越成为资本家阶级也是不太可能实现的。通常可能是先独立成为旧中产阶级，逐步扩大事业后成为资本家阶级；或是先晋升为管理层，也就是成为新中产阶级后再有机会晋升为董事，其过程绝非易事。

因此，对于大多数人来说，当前应该奋斗的阶级一般也就是新中产阶级或旧中产阶级这两个"中流"。

首先，新中产阶级和工人阶级相比，收入明显更多。而且如果一个人大学毕业，很有可能直接成为新中产阶级的一员。新中产阶级和工人阶级一样，工作的自由度其实很低，自我决定工作的内容和节奏的可能性也很低，职场权限也不大。但是，虽然他们受到了一定程度的限制，但也有机会发挥自己的能力和经验。而旧中产阶级的收入和工人阶级没有太大差别，也无需太高学历。他们的工作自由度很高，也可以按照自己的节奏和意愿去做喜欢的工作，而且发展事业的决定权也掌握在自己手中，同样可以发挥自己的能力和经验。

其次，还可以从货币性收益和非货币性收益两个角度去看。从工作中获得的收入可以称为工作的货币性收益。与此相对，从工作中得到的价值、满足感和自我实现等，是工作的非货币性收益。资本家阶级从工作中获得的货币性收益和非货币性收益都较大，但普通人成为其中一员的可能性很低。而工人阶级的货币性收益和非货币性收益都很低。与此相对，尽管新中产阶级的非货币性收益并不那么大，但在货币性收益方面相当可观。而旧中产阶级虽然货币性收益不大，却有着较大的非货币性收益，在某些情况下甚至有可能获得比资本家阶级还高的收益。如此，新旧两个中产阶级有着较强的目标成就感。因此，大多数工人阶级都希望变为新中产阶级和旧中产阶级。

（二）半数工人阶级在50岁之前转身为"中流"

一般来说，人们在社会阶层之间的移动叫作社会流动。①根据范围，可分为代际流动和代内流动。代际流动是两代人之间的职业和社会地位的流动，具体操作是观察儿子的职业与父亲职业的异同。例如，出生在旧中产阶级家庭中的人最后成为教师或工人。另外一种是代内流动，是指个人一生在职业和地位方面的水平或垂直的流动。例如，某个人最初为工人，逐步成为个体经营者，之后继续扩大事业发展为企业经营者。

关于上述社会流动如图2-5所示。但是，女性的情况稍有些复杂。例如，有的女性在工作后也会失业，有的会以兼职主妇的形式工作，实际上她们在社会流动中需要较长时间，所以该图的统计对象只限于50岁以上男性。2015年SSM的调查对象是20~79岁的男性，而图内统计对象是50~79岁的中老年男性。因此，如果想考察他们社会流动的特点，就需要了解他们在20~30年前的情况（关于在职群体

---

① 社会流动主要指个人跨越阶层边界的过程，即从一个社会阶层转移到另一个社会阶层的过程，或是指人们在社会关系空间中从一个社会地位向另一个社会地位的移动。——译者注

的分析结果，将在下一章介绍）。

（1）出身于工人阶级家庭的人现在所属阶级

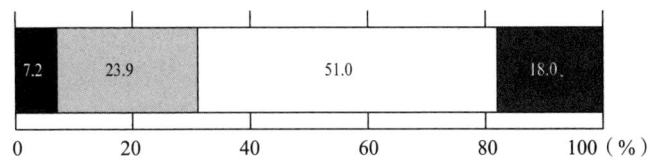

（2）第一职业为工人阶级的人当下所属阶级

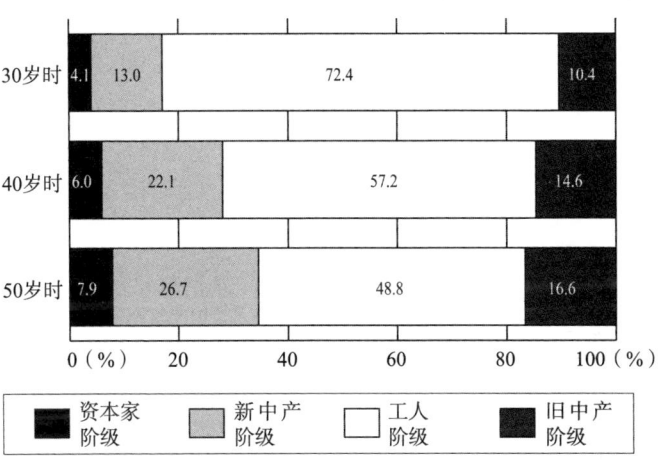

图2-5 工人阶级流动的特点（50岁以上的男性）

资料来源：根据2015年SSM调查数据得出。

从父亲是工人阶级的人的所属阶级来看，自己同为工人阶级占比51.0%，另有约半数移动到其他阶级。移动后属于新中产阶级的高达23.9%，其次为旧中产阶级，为18.0%。资本家阶级占7.2%，但恐怕多数是先独立成为旧中产阶级后，又扩大事业规模成为资本家阶级。旧中产阶级与资本家阶级两者合计高于25%，已超过新中产阶级。

从最初就职时是工人阶级的人的发展来看，30岁时仍然为工人阶级的比例是72.4%，40岁时是57.2%，到50岁减少至48.8%。流动后成为新中产阶级的较多，另外旧中产阶级与资本家阶级合计为24.5%，大约与新中产阶级比例基本相同。

因此，仅从男性的社会流动轨迹来看，从最初工作时的工人阶级到50岁时约有半数都流动成为"中流"。而女性虽然向"中流"的流动没有男性多，但换个角度看，出身于工人阶级的女性的丈夫，或者属于工人阶级的丈夫向"中流"移动的可能性还是很高。尽管成为"中流"的人远未达到90%，但是对于50岁以上的人来说"中流"也绝非少数派，也不是非现实的梦想。

类似于这样从工人阶级到中产阶级的流动，可以说是很多人关心和奋斗的目标。通过让子女接受好的教育然后在毕业后找一份好的工作，可以说是大多数工人阶级父母的共同心愿。另外，对于被雇佣的工人阶级来说，有朝一日成为管理者或者可以独立成为"某个领域的佼佼者"，也是他们一直追寻的梦想。

（三）"逃离"阶级的竞争

其实，类似于上述这种从工人阶级到中产阶级的流动，带有某种政治含义。工人运动，即工人阶级的阶级斗争，是为了提高工人阶级的生活以及阶级地位而发起的。但是，如果工人阶级能够实现社会流动，工人运动和阶级斗争就显得不那么重要了。具体到个人，如果一个人能从工人阶级"逃离"到更理想的阶级，或者如果能让子女"逃离"到更理想阶级里，也就相当于自己也成功"逃离"工人阶级了。

最初开始系统地进行有关社会流动研究的人是美国社会学家索罗金。他于1889年出生于俄国，在圣彼得堡大学学习社会学和法律学，就任该大学的第一任社会学教授后，参加俄国二月革命并担任俄国临时政府总理克伦斯基的秘书，之后被驱逐出境到美国，任职于明尼苏达大学、哈佛大学。[10]其最有名的著作是1927年出版的《社会与文化的流动》(Social and Cultural Mobility)。

索罗金在这本书中就社会流动所具有的政治意义进行了论述。书中提到,如果有向更上一级流动的机会,那么一些有雄心的人或是领导就有了可以继续上升的机会。他们就不会成为革命的领导者,而是社会秩序的拥护者,继续维持现有体制。这样一来,就会从本有可能致力于通过革命改变社会的党派中产生很多日后有能力的领导者。[11]

关于日本的工人阶级,熊泽诚有如下论述。

在日本的企业里,劳动者的待遇是通过"工作年限审定"的方式所决定的,如果工作年数增加,可以取得晋升资格,但实际能不能晋升要看审定结果。同时,随着日本进入经济高速增长期,出现了一系列技术革新,其结果是上级和下级职务之间的责任和权限差距进一步扩大。新员工虽然都承担着底层职务,但能否从这里脱颖而出,取决于其"能力和干劲的竞争性发挥"。但是,既然职级结构是金字塔型,实际能晋升到较高级的劳动者数量也是十分有限的。于是,竞争就延续到了下一代,工人阶级家庭也被卷入了升学竞争中。这样，就不要指望通过工人运动或革命来实现改善工人阶级整体生活水平的想法了。[12]

五、名为"中流"的幻想

如图2-3所示，新中产阶级和旧中产阶级这两个"中流"仅占就业人口的三分之一。在20世纪50年代，日本的农民阶层比较多，如果将所有农民阶层都包含在"中流"中，"中流"比例会上升60%~70%。而实际上大多数农民只属于耕作土地面积很小的贫农阶层，并不具备"中流"的实质。另外，如前所述，仅限于50岁以上的男性来说，从占大多数阶级的工人阶级向"中流"移动的机会最多也只有一半左右。正如第一章所述，对于日本社会已形成"一亿总中流"的印象，原本就是因为人们被诱导性的设问影响所产生的。尽管如此，大多数日本人对"总中流"论并没有感到违和感，而是欣然接受，这是为什么呢？

我认为主要原因主要包括以下几方面。事实上日本在第二次世界大战后非常贫穷，中小企业的低工资劳动者、小规模的个体经营者，还有贫农占据了大部分人口。这个时期，所谓的"中流"是指在大企业工作的白领、有一定规模稳定经营的个体经营者等，对于很多人来说是无法企及的一种存在。但是，随着经济的高速发展，工人阶级和个体经营者的生活水平不断提高，而且农民的生活也随着战后米价的上涨以及子女从事农业以外的职业开始富裕了起来。他们的生活尽管与同时期的"中流"相比还有点贫穷，但是已逐步追赶上了过去的"中流"生活。因此，人们可能都对自己属于"中流"的言论没有任何不适。而且，如果将来能进一步实现阶层跨越，成为"中流"更是一件可期待的事情。但是，这样的时代并没有持续很久。对于日本人来说，日本成为"格差社会"这个事实已然是一种常识了。在这样的情况下，首相所说的"国民的中流意识有多么根深蒂固"的言论听起来是多么空洞的一种论调。但其实，从"中流"到"格差社会"，实际上有很长且曲折的道路。我在下一章里会详细分析。

第三章

「一亿总中流」的崩坏

一、从"一亿总中流"到"格差社会"

关于"格差社会"共识形成的五个阶段

正如第一章所述,1977年《国民生活白皮书》中指出,日本富裕程度已不逊于欧美各国,社会经济差距进一步缩小,衡量居民收入差距的基尼系数也比其他发达国家低,还有近九成的人认为自己是"中流",而且有近六成的人认为自己属于"中中层",以此来高度赞扬日本社会的现状。由此,"一亿总中流"这一日本社会形象的认同度开始扩大,媒体将其写成"九成中流",村上泰亮等专家开始进行有关"中流"的宣传,政府也将贫富差距缩小和国民的"中流意识"作为政策工具加以利用。也就是说,在20世纪80年代,这几乎被称为"常识"。但其实,"总中流"论到了20世纪80年代中期受到了很多方面的质疑。从开始质疑"中流"到"格差社会"成为国民的共识之前,是有着较长的一段时间的，大概分为五个阶段。

第一阶段：格差扩大言论的登场（20世纪70年代末到20世纪80年代初）

早在1977年《国民生活白皮书》出版没多久，日本社会党众议院议员北山爱郎就在国会上指出，不同行业、不同规模的工资差距已开始扩大。北山在其1981年出版的著作《日本经济和国民的生活》中提出："随着经济高速增长的放缓及停止，经济不景气持续发展，激烈的竞争反而导致了贫富差距的扩大。"但是，以上说的两点并未引起任何关注。在此不久后，政府统计、计算出的基尼系数显示，在经济高速增长期中，社会差距并未缩小，甚至有扩大的迹象。尽管也有人注意到了这一点，但没有形成共识。

第二阶段：开始关注消费"中流分解论"（20世纪80年代中期）

到了这个时期，不论是熟知现代社会文化的作者还是分析消费行为的市场经济学作者，都开始注意到被称为"中流"的人逐步出现了两极分化。经济学家小泽雅子指出，从政府统计中开始揭露贫富差距扩大的时候，实际在消费领域中贫富差距扩大的倾向已经非常显著。但是，这仍然是在大多数人试图维持"中流"生活方式的情况下提出一种内部多样化的主张，不能说是正面否定了"总中流"论。

第三阶段：泡沫经济中梦想浮想联翩的中产阶级时代（20世纪80年代末到20世纪90年代初）

不久，泡沫经济时代到来了。泡沫经济使富裕的人们越来越富裕，贫富差距不断扩大。政府白皮书也承认了贫富差距扩大的事实，同时中产阶级也开始出现两极化的特点，也有部分人开始意识到"一亿总中流"正在逐渐远去。但是，在这个时期，人们对于贫富差距扩大也只是形成一个初步认识，他们并不认为贫富差距的扩大其实是一个深刻问题。因为在泡沫经济时代，贫穷的人（包括处在生活平均线以下的人）并不是越来越贫穷，大部分人比以前还变得富裕了一些。因此，也有不少人梦想着能乘着泡沫经济的浪潮步入富裕阶层。

第四阶段：泡沫经济的褪去与中流崩溃（20世纪90年代中期到21世纪初）

进入20世纪90年代，随着泡沫经济的破灭，经济日益低迷，媒体上不断出现"中流"崩溃和没落的报道，同时也开始出现"日本属于阶级社会"的报道。这种倾向在进入2000年后更为强烈了。

第五阶段：关于"格差社会"业已形成的共识（2005年以后）

到了这个时期，关于日本贫富差距扩大的论调已变得越来越多。最开始是在研究者之间，之后各方媒体之间也形成了关于日本成为"格差社会"的共识。尽管仍有一部分研究人员、政府、财界人士等想要否定贫富差距扩大的事实，但是随着证据的累积，一味地否定只能是欲盖弥彰的做法。与此同时，"格差社会"成为日本的流行语，而且是研究现代日本不可或缺的重要词语。至此，日本是"格差社会"这一认识已经完全固定下来，而"一亿总中流"已成为过去时。下面按照时间顺序，详细介绍一下每个阶段的特点。

二、"中流"的分解与"阶层消费"
（第一阶段和第二阶段）

（一）基尼系数迅速上升

20世纪80年代前半期，日本社会出现了越来越多关于贫富差距扩大的言论，而且论证引用的是较为翔实的基尼系数数据，并非像北山言论中引用的零散数据。例如，那个时期由武藤博道和日本经济研究中心合著的《成熟型消费社会（1982年）》便是如此。在该书中，武藤等人根据总理府（当时）的"家庭收支调查"数据独自计算了到1979年为止的日本家庭收入基尼系数。书中指出，到20世纪70年代，该系数有下降的倾向，但是之后下降趋势消失，开始转为不断上升的趋势。尤其值得注意的是，家庭主要成员的收入基尼系数在1970年前显著下降，一直到1979年都没有太大变化。与此相对，其他家庭成员收入的基尼系数却从1960年的0.308上升到1970年的0.369，于1979年又上升到0.442，呈现逐步上升的特点。

由此武藤等人认为，在高收入女性和高收入男性结婚的情况下，如果户主有高收入，其他家庭成员也会有较高收入，也就是说，逐步形成了高收入人群相结合的家庭结构。如今，高学历精英结婚组成了"超级情侣"，富裕阶层孩子接受良好教育成为学历精英等情况广为人知，可以说也是"强强联合"的发展。但是，武藤的书实则是一本正统经济学图书，并未太多关注"精英家庭""强强联合"家庭等模式。1983年公布的《国民生活白皮书》按照收入阶层的非消费支出，也就是从个人税和社会保障保险费中计算了基尼系数。当然，这种计算方法与武藤等人的计算方法有所不同，最后结果也有着微妙差异。具体来看，基尼系数在20世纪70年代为最低值0.179，此后逐步上升，到1975年为0.189，1982年为0.188。这组数据充分展示了经济高速增长结束后，收入差距逐步扩大的一个过程。但是白皮书只是论述了税收和社会保障在收入再分配方面起到的作用，并没有涉及贫富差距扩大这个事实。因此，白皮书与武藤的研究都属于第一阶段。

(二) 阶层消费时代

转折点是在1984年。这一年,在金融机构工作的经济学家小泽雅子以一篇发表在银行调查月报上名为《阶层消费时代的开启:中流幻想的崩溃与大众消费时代的终结》的论文而名声大噪,引发热议。第二年,作者在此基础上对内容进行了大幅度增加,并以《新阶层消费的时代:把握消费市场的新概念》为题,出版了单行本,再次引起社会关注。小泽引用了1983年《国民生活白皮书》中显示的基尼系数,在得到基尼系数不会下降的结论后,根据产业类别、企业规模、性别、职业种类、地域分布等因素分析了工薪阶层的收入,并指出不论从哪个指标来看,都显示阶层差距在逐步扩大。书中还对资产差距、农民与上班族的差距、不同购房时期对于工薪阶层内部差距扩大的影响等问题进行了探讨和分析。但是该书之所以受到关注,并不是因为书中内容指出日本贫富差距的扩大。比这个更受关注的是,消费者的消费品种类开始出现了阶层分化。小泽指出，消费者的消费品种类与其所拥有的资产金额密切相关，越是资产多的人越倾向于购买高级商品。消费品的种类本身是共通的，无论是谁都会买西服、鞋子、饰品、牛肉等，只是越有钱的人购买的商品单价越高，购买频率也越高。

另外，着眼于消费品种类的不同开始讨论社会差距并成为畅销书的有渡边和博与神足裕司所著的《金魂卷》，《新贫困》（*New Poor*），《新富裕》（*New Rich*）等书也一时引发社会关注。另有博报堂生活综合研究所的《分众的诞生》都是此类书籍。《金魂卷》以设计师、广告撰稿人、导演等职业为中心，加入医生、律师、商社职员等三种职业，描绘了各行业中"有钱人"和"贫穷人"的生活。虽然同属一个职业，但是有人年收入可能是数千万日元，有人可能只有两三百万日元，形成了鲜明对比。这就表示将人们阶层化的并不是职业，而是工作能力、品位，以及父母的地位和财产。"有钱人"和"贫困人"的生活也表现出较大差异。比如，乘坐的车是雪佛兰还是本田都市，暑假带孩子去的是长野县轻井泽别墅还是去乡下祖父家；家庭聚餐是去高级中华料理店桃花林还是丹尼斯;和朋友喝完酒带回去的礼物是有名的鲷鱼饭还是在车站小店买的烤鸡肉串。

也就是说,虽然消费模式本身相似,但是不同消费品的单价有着天壤之别,书中描写了和小泽一样的阶层消费。

(三)"中流"的两极化

《分众的诞生》一书是由从事市场调研的作家所撰写的,撰写契机来自回应活跃在商业一线的人们的问题。他们提出,"最近的消费者要么对贵的东西关心,要么对很便宜的在意。虽说日本是'中流'占了九成,但是怎么总感觉最近开始两极分化了呢"。为此,该书作者对消费者进行调查时将选项设置为"不贫穷—贫穷"和"宽裕—不太宽裕"。调查结果显示,选择"不贫穷"有86.2%,选择"贫穷"的有13.8%,二者有着显著的差异。而对于后一个选项的结果是,选择"宽裕"的有41.5%,"不太宽裕"的有58.5%,差异性较小。

该书作者又将两个选项进行合并,属于"贫穷但宽裕"

的人有7.5%，该书作者认为这是一种"平衡性贫穷"；属于"贫穷而不宽裕"的有6.3%，属于"本质贫穷"。然后，属于"不贫穷有些宽裕"的有34.0%，该书作者称之为"新富裕"；属于"不贫穷但也不宽裕"的有52.2%，该书作者称之为"新贫穷"。尤其值得注意的是，"新富裕"和"新贫穷"占比较多，今后消费政策应充分关注这两个群体。现在想来，可以说这些作家的主张有共同点。他们将"一亿总中流"和"差距扩大"视为不矛盾的存在。特别是《分众的诞生》关于这一点的认识非常明确。认为自己"不贫穷"的人有86.2%，这正是对于"九成中流"的印证。而"九成中流"又根据"生活是否宽裕"进行了两极分化。

《新阶层消费的时代》指出了日本贫富差距的扩大。但是，其重点在于消费内容根据阶层的不同发生了分化。虽说是分化了，但那只不过是在维持消费品种类本身的共同性之后的分化。在维持中产阶级生活方式的前提下，如果只是购买时的价格和购买频率有差异，也不能说一定与"一亿总中流"论相矛盾。关于这点认识，这本书与《金魂卷》完全相同。也就是说，职业相同，生活方式也基本相同，但是收入和支出却有着明显差异。

三、从差距扩大到泡沫破灭（第三阶段和第四阶段）

（一）贫富差距扩大萌芽

关于日本贫富差距开始扩大的证据越来越多。1985年的《国民生活白皮书》中讲述了战后40年日本国民生活的变化，显示了从1961年到1983年日本国民收入和金融资产的基尼系数。该白皮书强调，在经济高速增长过程中，收入差距和资产差距都在迅速缩小。但是，二者近年来呈现差距开始扩大的迹象。

政府以正式文件的形式第一次公开承认在经济高速增长期过后日本贫富差距扩大的事实，要到1988年的《国民生活白皮书》公布时。而且，承认方式也不甚直率和敞亮。

要说1988年，其实正是泡沫经济的兴盛时期。如图1-1所示的"收入再分配调查"，基尼系数在1980年达到0.349之后，1983年上升到0.398，到1986年已经达到0.405。但是该白皮书为何没有显示这个数值呢？从"家庭收支调查"中计算出的基尼系数显示，这个数值在高速成长期过后急速下降，之后在不景气期上升，呈现出在景气期下降的倾向；而1985年和1986年因为经济不景气再次上升，结果将贫富差距扩大描绘成暂时性现象。虽然里面也讨论了年龄、企业规模、行业、职业、性别、雇佣形态等影响工资差距的因素，但最后没有明确结论。

其实只要有了资产差距，贫富差距的扩大已经是无法掩饰的存在。尤其随着地价上涨，人们在土地与住宅资产上的差距会进一步扩大，这一点大家都非常清楚。从意识调查结果来看，关于所得收入，有60.0%的人认为"和十年前相比差距明显扩大了"；而关于金融资产有54.6%的人这样认为。[1]因此，白皮书指出的是国民对贫富差距在意识方面的变化。虽然很多国民明显感觉到贫富差距扩大了，但是也不会认为"有差距是不行的"。与其这样说,倒不如说大多数国民认为"个人选择和努力的不同导致生活水平有差距是理所当然的",也就是说大家对个人的选择和努力带来的差距是接受的。白皮书得出这样的调查结果表明,日本国民的差距意识正在"成熟化"。而像"个人的选择和努力不同导致生活水平有差距是理所当然的"这样的想法和最近被称为"自我责任论"的想法如出一辙。

(二)"阶级社会"的先兆

在公开发表这本白皮书的第二天,也就是1988年11月19日,《朝日新闻》刊登了一篇社论。社论标题为《"格差社会"可以吗》。所谓"格差社会",只是将"格差"与"社会"这两个非常一般的用语联系起来造出的一个词,在过去也有无意识使用过。这篇社论恐怕是有意识这样使用的第一个例子,这件事值得记下来。

《朝日新闻》1988年11月19日社论

但是如果仔细阅读社论，文中使用的其实不是"格差社会"，而是"阶级社会"。标题中用到的"格差社会"似乎是在正文完成后的整理阶段后加的。为什么会是这样呢？社论对于白皮书的主张，即像"个人选择和努力的不同所造成的生活水平上的差距是理所当然的"这样的想法显示了日本国民差距意识的"成熟化"，是持有异议的。在现实社会中，人们的努力并不是被置于公平环境之下的，个人的努力也未必会得到回报。由于地价和股票价格的高涨，社会公平性的崩塌，这样产生的资产差距通过继承传递给下一代。在日本的现实中，难道看不到"新阶级社会"的种种迹象吗？因此，恐怕在最后的整理阶段，有人认为"新阶级社会"这一表达过于刺激，于是在标题上加上了"格差社会"。

（三）泡沫时期天真无邪的上流志向

如果社论使用"阶级社会"这个词，也可以认为是有其必然性的。之所以这么说，是因为过了一段时间，一些杂志报道中使用了很多类似"阶级"或"阶级社会"的词语。泡沫时代已逐步开启，但仍有大量对于日本贫富差距扩大这一事实持有否定的报道，如"消费税癌细胞论是成为'新阶级社会'化的最大诱因"（《SAPIO》1989年8月10日号），"横行于政财界的'世袭'正是产生'新阶级社会'的元凶"（《SAPIO》1989年9月14日号）等，类似这样的文章随处可见。不久，就像是泡沫经济席卷而来的热浪一般，出现了越来越多对欧美上层社会及中产阶级生活憧憬的报道，如下所示。

"印象中意大利的上流阶级：女经理的奢侈感"（《CLASSY》1990年7月号）；

"英式田园乐趣的奢侈：上流阶级'在乡下长大'的品位"（《Esquire日本版》1990年10月号）；

"探寻美国古老的上流阶级避暑胜地，邂逅别致的客栈之旅"（《家庭画报》1991年9月号）；

"品味和体验英国上流阶级的厚重生活"（《Clique》1992年7月5日号）。

其中《CLASSY》这本面向女性的杂志比较突出。原本杂志名称就是"阶级"（class）的形容词形式（意思是"高级的""有品位的")。该杂志以《名门的千金们》为标题,采访欧美上层社会女性的系列作品已有3~5次之多。其中还有很多文章介绍关于其他国家高级宾馆、餐厅的预约方式等。此外,里面还有关于受世界各地富豪和王族青睐的巴哈马度假酒店的介绍,以及可以租借的加勒比海别墅。杂志中如此描述道,"我们日本人终于体会到其中的舒适了,体验什么都不用做的感受,尽情享受就好"[2],还会加上"在这里我们还可以保护自己的隐私、拥有属于自己的时间"[3]这样的话语去诱惑读者。在泡沫经济的背景下,富裕阶层自不必说,很多人不断增加消费,即使在股价下跌之后,这个时期的余韵还在持续。可以看出,很多人十分认可欧美上流阶级的生活方式和趣味。话虽如此,如果真的有年轻女性去豪华酒店或租借豪华别墅,我想她们大概已经破产了,那之后的生活会怎么样呢?

说到女性杂志,在20世纪80年代末,"玉轿"引发了一股时尚潮流。

"为了乘坐玉轿①,成为有品位的人,要磨炼自己。"(《女性自身》1989年1月24日号);

"就这样把握!高贵之路的关键词是'社会俱乐部''闻香''祖母遗传的多彩浮雕宝石'"(《女性Seven》1989年2月2日号);

"只有这个!和一流男性结婚的方法——如何邂逅医生、律师、高级官僚、商社职员等"(《SAY》1991年5月号)。

通过上述杂志的描写可以看出当时日本社会对于追求奢侈富裕生活的风潮。但在这背后,也有人们认识到贫富差距正在扩大的若隐若现的迹象。例如,某篇报道做了如下分析。

日本社会在土地价格异常高涨的背景下,出现了"新富裕"和"新贫穷"两种倾向,标志着日本进入了新的阶级社会时代。不论女性在工作和生活上怎么努力,这种阶级

---

① 乘坐玉轿,代指成为有钱人的妻子或上流人士的妻子。——译者注

差距都无法弥补。唯一的方法是通过结婚加入"有钱人"[4]的行列。

(四)从20世纪90年代后期到"中流"崩坏

到了经济低迷的20世纪90年代后期,上述的报道大幅度减少,出现了大量关于日本中产阶级、中流阶层解体的报道。特别是北海道拓殖银行和山一证券在1997年以后出现经营破产,人们对上流社会的憧憬和努力似乎蒙上了一层阴影,媒体报道的基调也变得消极和阴沉,如下所示。

"中产阶级的没落使日本无法东山再起"(《商业情报》1999年7月号)

"阶层分化毁灭日本:中产阶级的温存是保护优秀制造业的最佳手段"(《Voice》1999年7月号)

"从'一亿总中流'到'8成贫困'的时代:'新'阶级社会中生活差距正在扩大!"(《周刊宝石》1999年10月28日号)

进入21世纪后,这种倾向越来越强烈,"阶级社会"这个词开始被普遍使用,例如下述报道。

"日本新·阶级社会"(《文艺春秋》2000年5月号)

"日本阶级社会已经走到了这一步!"(《别册宝岛Real》2001年5月2日号)

"雇佣崩溃导致的'超阶级社会':孩子的未来由父母的地位决定"(《Sunday每日》2003年3月9日号)

"随着中流社会的崩溃,企业裁员加速,就连大学毕业的白领都害怕贫困的时代来临了"(《新闻周刊日本版》2003年6月11日号)

"日本变成了阶级社会,这就是有钱人和贫穷者的现实"(《周刊现代》2003年11月8日号)

四、日本走向"格差社会"(第五阶段)

(一)关于贫富差距扩大的批评增多

实际上,从20世纪80年代末开始,在社会学和经济学领域出现了越来越多关于社会贫富差距的研究,实际上这就是一种显示社会贫富差距扩大的证据。

1985年日本进行了第四次SSM调查，其成果在学术报告书上发表，并于1989年以单行本的形式公开发表，得到了很多普通人的关注。有几位研究人员直接指出，经济差距开始扩大，由父母传递给子女的代际"贫富差距"开始加强。

根据盛山和夫等人的分析，从1955年到1975年日本国民收入的基尼系数有所下降，但到1985年却开始持平或略有上升。另外，虽然代际间流动在增加，但来自农业阶层的流动较多，农业阶层以外的社会流动在减少。[5]同时，1975—1985年期间，新中产出身的人很难流动，也就是说选择和父母一样成为新中产阶级的人增多，可能由于他们之中很大一部分人是通过学历的提升成为新中产阶级，新中产阶级再通过获得高学历继续保持社会地位，逐渐成为一个代际再生产、与工人阶级明确区别开的阶级。[6]

关于接受教育的机会，尾岛史章分析了教育机会的差距。不同阶层在升入旧帝国大学、早稻田大学、庆应大学等精英大学的机会这一方面差距正在扩大；如果父亲属于专业技术职、管理职阶层以及拥有高等学历,子女成为新中产阶层的概率就会增高。[7]但是,这个时期的研究主要还在说明日本社会处于各种各样的变化中,存在着部分差距正在扩大的征兆。研究结论指出,日本并未出现全方位的差距扩大,因此在社会中的反响也不是很强烈。

(二)新阶级的出现

从1995年SSM调查的结果来看,许多社会变化已更为清晰。在相关研究中,特别引人注目的是佐藤俊树的主张。在他的新书《不平等社会日本》中,他将人们分为五个阶层进行分析,结果显示处于最高位的"白领雇佣上层(经营者、管理人员、专业人员)"的阶层封闭性在不断加速。也就是说,只有精英的孩子才能成为精英的这种代际结构在增强,作者将此类现象称为"新阶级的出现"。[8]佐藤在面向普通大众的著作中,将结论简单总结为"日本正在从'努力就有回报'的社会转向一个'努力无用'的社会。"自此,"努力无用论"在社会中引发热议。

虽然佐藤的观点经常被误会,但他其实就是在阐述日本社会并不是一个无论父母职业如何，只要努力就能获得较高地位的社会。到目前为止，大量研究表明，代际"阶层固化"倾向越来越强烈，在社会中几乎都得到了一致认可。佐藤正是基于此项结论进行了分析，以此来说明该类倾向从前就有，只不过近些年愈发加强而已。尽管人们对此观点也有误会，但也在这种误解的探究中，越来越多的人了解到社会"阶层固化"的加强。

在佐藤书中提到的"白领雇佣上层"中，除管理层、专业技术层人员以外，还有很多被称为资本家阶级的人，比如企业的经营者、董事、雇佣规模较大的个体经营者等。对于这类群体人员，究竟是称为新中产阶级还是资本家阶级，还有很多界限模糊的说法。我不久后对两者进行了区别分析，明确了新中产阶级的封闭性未必非常强，但资本家阶级的封闭性却是一定无法改变的，因为只有资本家阶级的孩子才能成为资本家阶级。[9]在经济高速增长期，新中产阶级通过升职可以独立成为经营者，工人阶级经过奋斗后也可以独立拥有商店或工厂，成为个体经营者后又可以向资本家阶级上升，这种社会流动是比较普遍的，但现在的社会中这样的路径几乎没有了。[10]

顺便说一下，也有几位研究人员持不同意见，他们认为从数据分析来看，佐藤所说的上层白领的封闭性并不是很强，其中也有人强烈批判说"中流崩溃只不过是'故事'而已"。[11]但是在这个时期几乎看不到明确得出代际间流动正在增大的结论的研究。研究者之间达成共识的是，现代日本的阶级和阶层具有相当强的封闭性，这是可以找到证据来进行论述的，或者至少说明封闭性一点都没有减弱。这一点也体现在2005—2015年SSM的调查数据分析中。

（三）旧中产阶级与新中产阶级的反转

如图3-1所示，这是1955—2015年的七次SSM调查数据中关于父亲是工人阶级的人目前的阶级所属情况。与图2-5不同的是，图3-1的统计对象为35~54岁男性的阶级流动情况。和父亲同属工人阶级的占比在1955年时为47.4%，到1965年上升到54.2%后逐渐下降，1995年达到47.5%。之后占比又转为上升，直到2015年占比为55.6%。这组数据的变化说明和父亲同属一个阶级的人在增加。而阶级流动的结果也有很大变化。在1955年,只有35.5%,也就是三个人中有一个以上向旧中产阶级流动。尽管向新中产阶级流动的仅为11.8%,但二者合并起来,将近一半的人流动为中产阶级。

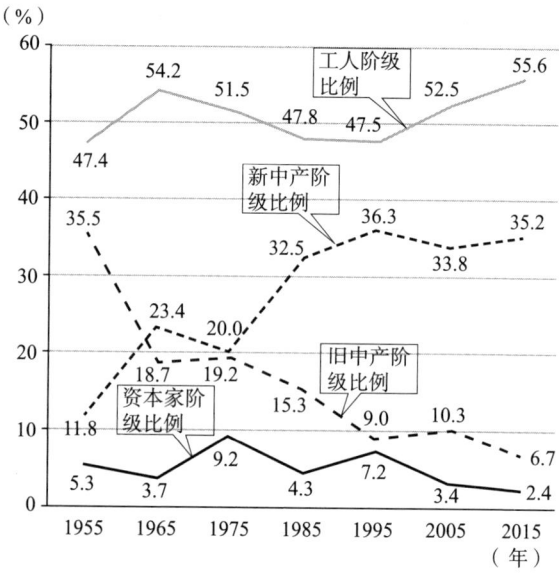

图3–1 工人阶级出身的人目前的所属阶级(35~54岁的男性)

资料来源:SSM调查数据计算而得。

然而,向旧中产阶级的流动却持续减少,到2015年仅有6.7%,几乎屈指可数。同时,尽管转为新中产阶级的人数在增加，但到1995年达到36.3%后就呈停滞状态，近年来已经毫无增加。另外，转为资本家阶级的人，在高度成长末期的1975年达到9.2%后逐步减少，到2015年仅有2.4%。也就是说，成为旧中产阶级和新中产阶级的比例只是发生了反转，总流动数量并未增加。

（四）橘木俊诏牵动学术论坛

关于收入差距的分析也取得了重要进展，但在差距扩大这一结论得到广泛接受之前，有着相当大的曲折。进入21世纪以来，经济学者橘木俊诏针对"格差社会"的讨论牵动了学术论坛。最初引发讨论的是收录在专业书籍中的一篇发表于1994年的论文，论文中他从统计的角度和国际比较视野分析了日本收入不平等现状，并得出结论：日本不再是发达国家中平等度较高的国家了。[12]虽然最初的学术专业书籍在社会发行后并没有得到太大关注，但到1998年，他将书中的分析结果整理成面向一般读者的新书，书名为《日本的经济差距》。结论从正面否定了一直以来人们关于"日本和其他发达国家相比是平等国家"的认识，从而引起很多热议。虽然20世纪80年代小泽雅子等人使用的基尼系数只不过是显示了差距扩大的"征兆"而已,但这个时期的统计显示了未来10年差距继续扩大的趋势,非常有说服力。

这样的研究和热议似乎颠覆了"一亿总中流"的"常识",但其实不然。因为同时出现了关于"差距扩大是虚假言论"这样反对的批评意见。

(五)关于差距扩大的争论

首先对差距扩大提出质疑的代表人物是经济学家大竹文雄。他在2000年2—3月连载的《日本经济新闻》报道中,提出了以下质疑。[13]

第一是关于数据方面的疑问。他认为橘木使用的"收入再分配调查"数据,与其他国家统计数据的指标概念有所不同。使用不同概念的数据做国际比较,进而得出日本差距较大的结论并不是很有说服力。关于这一点,橘木也承认了自己的问题,特别是对于有"日本比美国收入差距更大"这样的结论,他接受了批评。但是,实际上橘木所强调的不是税前收入，而是经过纳税以及社会保障再分配后所得的基尼系数的变动趋势，从这个角度来看，日本收入差距扩大这一结论不会改变。[14]

第二种声音是，从统计中观察到的差距扩大是由老龄化带来的影响所致，实际上并不能由此说差距在扩大。大竹认为，就日本的工资差距来说，从年龄层来看，年龄越小差距越小，年龄越大差距越大。虽然初始工资没有太大差别，但是随着年龄增长，由于晋升速度及程度的不同、企业规模大小不同，工资差距越来越大。这种差距在过去20年非常稳定，无论从哪个年龄层来看，都不会出现在同年龄层人内部差距扩大的倾向。然而，在人口老龄化的影响下，差距小的年龄层在减少，差距大的年龄层在增加，如此也会造成工资差距的扩大。因此，大竹认为，从统计中观察到的差距扩大是由人口构成的变化引起的，这是一种"虚假的不平等"。

以上就是关于"差距扩大虚假论"的主要观点，这同时也成为关于差距扩大的争论点。另外，政府、财界以及一些经济界人士的媒体也经常用此来争辩差距没有扩大。

然而，大竹的这一论点明显言过其实。在报道中大竹自己也提到过，由于这是学术论文的一部分，作为计量分析结果，能够说明是在老龄化影响下的部分只有30%左右。[15]也就是说，即使在贫富差距扩大中存在由于老龄化而产生的"虚假"部分，这也仅占全体的三成左右。其实，像这样通过人口原因分析贫富差距扩大的情况只适用于20世纪90年代。在20世纪90年代中后期，差距扩大首先从青年层开始，之后几乎覆盖到所有年龄层，各年龄层内部的差距都在不断扩大。差距扩大也是不争的事实，而且迹象愈发明显。[16]

时至今日，类似"差距扩大虚假论"这种说法在公众场合已经完全销声匿迹了。大竹在2008年也称自己是误认为差距没有扩大，后来他提到"到20世纪90年代为止收入差距的扩大很大程度上是由于老龄化""观察到终身收入差距的扩大"，其实这就是对过去自己主张的一种否定。[17]如图1-1所示，不同产业间、企业规模，以及男女之间都存在较大的差距，很显然不能再说差距的扩大是"假象"了。

但是，社会整体受"差距扩大虚假论"的影响很大。至少在很多年里，社会差距逐步扩大这一事实未被社会大众广泛认识到。直到现在也有不少人在年轻时受过"总中流"论的影响，相信"差距扩大是一种假象"的言论，坚持社会差距没有扩大。可以说人们在贫富差距扩大的事实得到广泛认可前，花费了相当长的时间。但是，尽管如此，下面的事情一点点改变了人们的看法。

（六）"飞特族"①的增加所引发的担忧

2003年《国民生活白皮书》设置了关于《通货紧缩与生活：年轻"飞特族"》特辑。这个时期，"飞特族"一词已经完全固定下来，大家都知道从事非正式工作的贫困年轻人在增加。但另一方面，大家认为"飞特族"是"追求自由放纵生活的年轻人"，甚至是"缺乏热情和毅力的年轻人"，并认为贫困是其本人的责任。这本白皮书将"飞

---

① 飞特族，意指以正式职员以外（打工、兼职等）的身份，来维持生计的人。——译者注

特族"定义为"除学生和主妇之外,靠非正式工作度日的15~34岁年轻无业者"。"飞特族"人数从1990年的183万人逐年增加至417万人,其中最大原因就是企业减少了应届毕业生的录用,而增加了非正式员工的雇佣,但其实大部分成为"飞特族"的年轻人都希望成为正式员工。如果这样理解这一现象,就可以解除我们对于"飞特族"的偏见,从而从本质上深刻理解"飞特族"的增加其实是一个社会问题。

(七)小泉纯一郎:"我不认为差距的出现是件坏事"

2005年,OECD发布了《1990年代后半期OECD各国的收入和贫困》报告书,书中根据统一的方法计算了包括日本在内的OECD加盟各国的基尼系数和贫困率。日本的基尼系数为0.314,与德国、法国以及北欧诸国相比明显较大,处于美国、葡萄牙、意大利等经济差距特别大国家之后的位置。而且,日本的贫困率在发达国家中仅次于美国和爱尔兰,比日本高的是墨西哥和土耳其,但这两个国家很难说是发达国家。

在2006年1月开始的一般国会上,民主党、共产党、社民党等在野党自不必说,就连执政党的自民党和公明党的国会议员也提出了贫富差距扩大的问题。"日本国内出现两极分化,贫富差距正在扩大"[18],时任自民党参议院议员会长的青木干雄说道:"随着结构性改革的推进,日本在一定程度上摆脱了长期经济停滞的局面,但同时被称之为改革之'影子'的社会贫富差距逐步在日本社会中蔓延着……"[19],时任公明党代表神崎武法说道。像青木、神崎这样的政要对政府的见解进行了质疑。对此,时任首相的小泉纯一郎在最初阶段以"差距扩大是虚假的"论调为基础否定了贫富差距扩大的事实,但在执政党和在野党各议员的追问下,无法继续否定,转而又以"出现差距并不是坏事""如果不鼓励追求成功和发展自身能力,社会就不会有发展"[20]等言论为自己开脱。一系列关于贫富差距的论战大大提高了社会大众对贫富差距扩大的关心度。

（八）"格差社会"成为流行语

从2006年春天开始，很多杂志开始编辑有关贫富差距扩大的特辑。如"下流社会的恐慌"（《Newsweek》2006年3月1日号）、"你感受到'差距'了吗？"（《经济学家》2006年4月25日号）、"'有钱人'家庭，'贫穷人'家庭"（《PRESIDENT》2006年7月3日号），"比起跌落的中层在职穷人，更为糟糕的是白领一族的没落"（《东洋经济》2006年12月9日号），等等。仅2006年这一年，以"格差社会"为关键词的新闻报道竟多达254篇。[21]

就这样，"格差社会"成为流行语。最初开始有意识使用"格差社会"一词的是1988年11月19日的《朝日新闻》社论，而最终随着山田昌弘的著作《希望格差社会》的出版，该词成为流行语。山田将此书的副标题命名为"'失败组'的绝望感不断将日本撕裂"，书中以现代日本年轻人对未来抱有希望的阶层和没有希望的阶层两极分化的问题为中心论述，引发了多方关注，并被媒体多家报道。以此为契机，"格差社会"一词开始在杂志上广为使用，并迅速传播。就这样，随着人们之间不断扩大的差距，人们关心的对象变为"格差社会"。而"格差社会"也于2006年12月入选日本年度流行语大奖中的前10名,山田被邀请参加颁奖仪式并获奖。2013年,为了纪念该奖项设立30周年,日本"新词·流行语大奖"发布了30年中排名前10的热词,与"安全神话""支持者""性骚扰"等词一起,"格差社会"再次入选。

五、解体的"中流意识"

(一)阶层变量的增强与阶层归属意识的关系

在贫富差距扩大的过程中,人们的"中流意识"发生了变化。如第一章表1-2所示,1975年时,无论学历高低、社会阶层,还是收入水平,认为自己是"中流"的比例都很高。确实,该比例在大学毕业生和白领阶层中较高;同时,随着收入的增加,"中流"比例呈同步增加的趋势,总体差异并不大。而且,把自己看作"中流"人的比例本身,在1985年以后的SSM调查中也几乎没有变化,稳定在75%左右。

然而，社会学家吉川彻发现，在这期间人们的意识发生了重要变化。1975年时，学历、职业、收入等阶层变量和阶层归属意识的关系比较弱，但到1995年时以上变量与阶层归属意识的关系在不断加强。[22]这样的变化一直持续着。近年来，无论人们学历、职业、收入高低如何，都不能说拥有同样的阶层归属意识。但是，第一章中给出的证据显示，"中上层""中下层"以及合计的"中层"在全体被调查者中的比例不论学历、职业、收入都很多。因此，如果看"中层"整体的比例，区别并不明显。为此，将阶层归属意识重新做如下分类。

在SSM的阶层归属意识调查中设问的选项分为"上层""中上层""中下层""下上层""下下层"五个选项。处于中间的是"中上层"和"中下层"。也就是说，选择"上层"或"中上层"的人认为自己"高于普通人"。因此，SSM调查按收入阶层将调查对象分成四类，调查了认为自己"高于普通人"的比例，如图3-2所示，调查截点分别是1975年、1995年与2015年。1975年和2015年的收入水平和物价水平有较大不同，每个家庭的人数也有很大变化，所以必须注意收入的分配方法。按照家庭成员数量对家庭收入进行调整，将其转换为等价收入（将家庭收入除以户数的平方根），以其中位数的两倍、中位数、中位数的二分之一为界限来区分四个收入阶层。富裕阶层是中位数的两倍以上，相对富裕阶层是中位数以上的两倍以下，相对贫困阶层是中位数以下、二分之一以上，贫困层是二分之一以下的人。

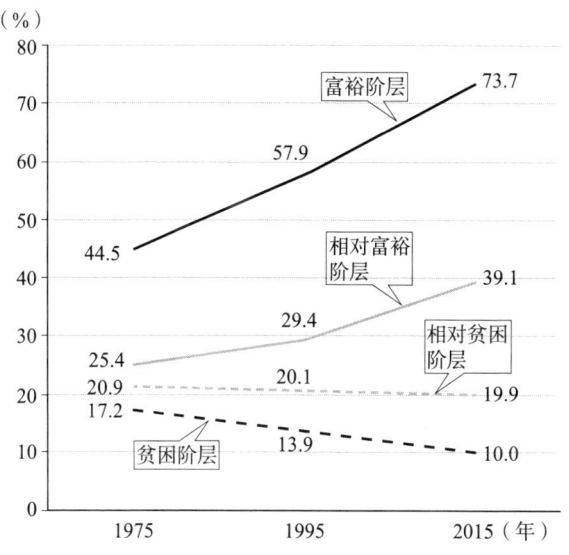

图3-2 不同收入阶层下认为自己"高于普通人"的比例

资料来源：根据SSM调查数据计算得出。调查对象为20~69岁男性。

从图3-2上看，人们的阶层归属意识在这40年间有着很大变化。1975年，收入阶层中认为自己"高于普通人"的比例差异较小。富裕阶层中认为自己"高于普通人"的比例为44.5%，虽然比其他阶层高出很多，但仍在半数以下，可能由于富裕的人不太了解自己的富裕程度。而相对富裕阶层、相对贫困阶层、贫困阶层认为自己"高于普通人"的比例都在20%左右，没有什么变化。另外，虽然未在图3-2中显示，但是把自己看作"中下层"人的比例，在相对富裕阶层中为54.9%，在相对贫困阶层中为53.8%，在贫困阶层中为51.6%，几乎没有太大差别（富裕层是46.7%）。至于认为自己是"下层"人的比例（"下上层"与"下层"的合计），贫困阶层中也不多，为31.2%；相对贫困阶层（22.5%）与相对富裕阶层（19.7%）也没有很大差距（富裕阶层为8.7%）。可以看出，贫穷的人们其实也不太了解自己的贫穷程度。

（二）阶层归属意识的"阶级化"

但是在那之后，认为自己"高于普通人"的比例，在富裕阶层中急速上升，在贫困阶层中却在下降，这个变化持续了近40年。到2015年，认为自己"高于普通人"的比例，在富裕阶层达到73.7%，而在贫困阶层只下降到10.0%。认为自己属于"下层"人的比例，在贫困阶层达到45.8%，与相对贫困阶层（29.5%）、相对富裕阶层（16.3%）有了很大差距。同时，比较有意思的是，富裕阶层认为自己属于"下层"比例仅为1.1%，也就是说不会再发生像上个阶段那样富裕的人会误认为自己贫穷的情况了。

至此，富裕的人开始清楚地认识到自己的富裕，贫穷的人们也开始清楚地认识到自己的贫穷。这样，阶层归属意识就按照现实的阶级类别清楚分开了。因此，我们可以把这种变化概括为"阶层归属意识的'阶级化'"。也就是说，过去的那种尽管收入不同，但大多数人共有"中流意识"的局面到今天为止基本上彻底结束。所谓的"一亿总中流"，无论是从社会流动的结构、收入分配等实体方面还是从人们的意识方面来看，都已经崩塌了。这就是迎来21世纪20年代日本社会的现实。

第四章

作为实体的「中流」

一、"中流"的多样类型

(一) 两个"中流"

简单回顾一下第二章和第三章中的主要内容。

现代社会有两种"中流",即两种中产阶级。

一种以鲁滨孙·克鲁索为代表,兼有经营者和劳动者两种性质独立个体经营者,也就是旧中产阶级。旧中产阶级在拥有生产资料这一点上和资本家阶级是一样的,但是因为拥有生产资料的数量少,所以自己使用自己所拥有的生产资料,负责现场劳动。从这个意义上说,可以说兼具资本家阶级和工人阶级的性质。但是,即使他们是中产阶级,其收入也和工人阶级没有太大差别,有时还会低于工人阶级。但是旧中产阶级有自己的优势。因为是生产资料的所有者,又是经营者,所以其劳动的内容和推进方式不受他人指挥,而是可以自己决定。正因为如此,他们才能按照自己的意愿发挥能力，也能灵活运用积攒的人生经验，进而通过劳动实现自我、产生成就感。他们虽然从工作中获得的货币性收益不大，但非货币性收益却很大。

另一种类型的"中流"，在企业中，是处于资本家和工人阶级中间位置，担任管理职位和专业技术职务的人，也就是新中产阶级。新中产阶级不是生产资料的所有者，而是和工人阶级一样被资本家阶级雇佣工作的人。但是，由于组织规模变大，资本家阶级必须专心从事与高级经营相关的工作，而新中产阶级需要代替资本家阶级承担决定和指挥工人阶级工作内容和工作方式的职责，这一点与工人阶级有着本质的不同。但既然是被资本家阶级雇佣工作，新中产阶级自我决定的权限就有限，虽说发挥自身能力和经验的机会比工人阶级多，但也是有限的。只不过他们的工资很高，大大超过了工人阶级和旧中产阶级。也就是说，新中产阶级从工作中获得的非货币性收益虽然没有那么大，但是货币性收益较大。

从2017年的就业结构基本调查结果来看，旧中产阶级占就业人口的11.8%，新中产阶级占22.8%。旧中产阶级和新中产阶级虽然与工人阶级的61.9%相比较少,但与资本家阶级的3.5%相比,分别是资本家阶级的三倍和六倍。这样,二者在不同的意义上,可以说都比工人阶级更有优势。但是对于工人阶级来说,中产阶级并不是与他们完全无缘的阶级,正如第二章和第三章所论述的那样,从工人阶级向两个中产阶级流动的也不少,虽然近年来有减少的倾向,但大约仍有40%的工人阶级出身者向中产阶级流动。也就是说,工人阶级在工厂和商店开始工作后,通过积累一定的技术和知识,日后很有可能通过独立创业走上旧中产阶级的道路;而且,如果大学毕业后能够成为白领,也有可能成为新中产阶级。话虽如此,两个中产阶级占全体人口的比例也只不过30%。因此,中产阶级虽然不能说是绝对的少数派,但可以说是相对的少数派。更重要的是,新旧中产阶级各自的内部也具有多样性。仔细研究后发现,"中流"的生活基础比较脆弱,晚年陷入生活困难的情况不少。

另一个重要的情况是,"中流"不仅包括作为新中产阶级或旧中产阶级工作的人,也包括在这些人背后默默付出的其他家庭成员,如全职主妇或兼职主妇。因为如果想更好地理解"中产"生活的面貌,就必须了解已婚者背后的家庭支持。

退休老年人这个群体也同样重要。以阶级研究闻名的美国社会学家埃里克·欧林·赖特(Erik Olin Wright)曾指出,为了研究一个人的阶级所属,必须从职业生涯的角度去考虑。从这个观点来看,中产阶级长年工作,积累了一定的财产和退休金,如果在其退休后仍然可以保持中产阶级生活,那么就可以认为他确实属于中产阶级。也正如此,SSM调查问卷中会询问被调查者一生的工作经历,从而更好地将其在退休后和退休前的所属阶级进行对照。

(二)"中流"的内部

在本章中,关于已婚者的研究不仅要从夫妻二人的角度去考虑,还要将过往的职业经历作为重要指标,按照表4-1的分类方法,将两个不同的"中产阶级"内部分为不同类型,去探讨各自趋势。表中的人数来源于2015年SSM调查数据,主要指回答者本人。如果调查样本为新中产阶级夫妇，那么其中既要包括作为新中产阶级的丈夫，也要包括丈夫是新中产阶级的全职主妇。下表一共划分为16组，在下面的分析中，人数较少的组合或者混合后权属不太清晰的对象不在研究对象之内。

表4-1 新旧中产阶级的各种类型

（1）有配偶的中产阶级

丈夫	妻子			
	新中产阶级	旧中产阶级	无业	兼职主妇
新中产阶级	①新中产阶级组 390人	新中产阶级—旧中产阶级组 41人	②新中产阶级—全职主妇组 490人	③新中产阶级—兼职主妇组 346人
旧中产阶级	旧中产阶级—新中产阶级组 49人	⑧旧中产阶级组 323人	⑨旧中产阶级—全职主妇组 228人	⑩旧中产阶级—兼职主妇组 141人

（2）无配偶的中产阶级

④单身男性 新中产阶级 167人	⑤单身女性 新中产阶级 150人	单身男性 旧中产阶级 84人	单身女性 旧中产阶级 72人

（3）退休后的男性中产阶级

⑥新中产阶级退休者 （无业·50岁时为新中产阶级） 310人	⑦新中产阶级退休后非正式职工 （非正式职工·50岁时为新中产阶级） 83人
⑪旧中产阶级退休者 （无业·50岁时为旧中产阶级） 72人	旧中产阶级退休后非正式职工 （非正式职工·50岁时为旧中产阶级） 17人

数据来源：根据2015年SSM调查数据计算得出。调查对象年龄为20~79岁。

（1）有配偶的中产阶级。在这里，先要关注夫妇各自的阶级所属。一般来说，一对中产阶级夫妇，如果丈夫是中产阶级，那么妻子的所属状态便是中产阶级、无业、兼职主妇中的一个。但是如果丈夫是新中产阶级，妻子是旧中产阶级；或者丈夫是旧中产阶级，妻子是新中产阶级，一方面这种类型的人数较少，另一方面二者所属不同阶级，夫妻组合的阶级所属很难判定，这种类型的组合不在我们讨论范围之内。

因此，新中产阶级主要分为①新中产阶级组、②新中产阶级—全职主妇组和③新中产阶级—兼职主妇组这三种类型。①新中产阶级组主要指夫妇均为新中产阶级,即丈夫是新中产阶级,妻子即使在结婚后也继续从事全职的事务性工作。可以认为,这种组合的新中产阶级属性很强,其数量为390人中的120人。而旧中产阶级包括⑧旧中产阶级组、⑨旧中产阶级—全职主妇组、⑩旧中产阶级—兼职主妇组这三种类型。

(2)无配偶的中产阶级。在无配偶的中产阶级中,单身男性旧中产阶级有84人,单身女性旧中产阶级有72人,他们即使在配偶去世后也仍然守护家业。另外,未婚的餐饮店经营者、艺术家、设计师、家庭教师等人群夹杂在里边,很难将其视为一个团体,因此上述类型的人不在本次讨论范围之内。所以无配偶的中产阶级主要包括④单身男性新中产阶级和⑤单身女性新中产阶级两种类型。

(3)退休后的中产阶级。以50岁为分界点判断其曾经是否属于中产阶级。退休后,如果一个人还是新中产阶级,他要么完全退休成为无业者,要么还可以作为非正式职工继续工作。而旧中产阶级的人可以一直工作到很高年龄，所以他们成为非正式职工的情况非常少。另外，女性退休后如果处于无业状态，那么她们等同于全职主妇的情况较多；如果是非正式职工很有可能等同于补贴家用的兼职主妇。所以很难将上述两种情况和丈夫是中产阶级妻子为全职主妇或者兼职主妇的情况区分出来。因此，如果排除这些情况，⑥新中产阶级退休者、⑦新中产阶级退休后非正式职工，以及⑪旧中产阶级退休者这三种类型可以被归为退休后的男性中产阶级。

（三）十一种类型的"中流"

本书主要分析的对象是七组新中产阶级与四组旧中产阶级，共十一组类别。可以进行分组的样本数有2963人，减去无法分组的样本后，共有2700人，占总样本数7817人的比例分别是37.9%与34.5%。这可以被视为现代日本"中流"的整体形象。

表4-2汇总了各组的基本属性。全体平均年龄是52.9岁，平均年龄最小的是单身男性新中产阶级（37.7岁）和单

身女性新中产阶级（37.8岁），年龄最大的是旧中产阶级退休者（73.4岁），其次是新中产阶级退休者（70.2岁）。就大学毕业生占比情况而言，新中产阶级组高达68.2%，其次为单身男性新中产阶级，为67.1%，而新中产阶级各组别位列其后。旧中产阶级整体大学毕业比例较低，特别是旧中产阶级退休者仅为5.6%。家庭年收入最多的是新中产阶级组，为922万日元，几乎接近1000万日元。其次为新中产阶级—兼职主妇或新中产阶级—全职主妇组，约为700万日元。旧中产阶级中收入最高的是旧中产阶级组，为633万日元。其余两个组别在此基础上大约再减少100万日元。旧中产阶级退休者的家庭年收入仅有228万日元。对于自民党的支持率各组别也有显著不同，旧中产阶级组和旧中产阶级退休者支持率最高，约有43.1%。新中产阶级退休后的非正式职工支持率有40.7%，支持率最低的是单身女性新中产阶级，为13.4%；其次为旧中产阶级—兼职主妇组，为21.7%。

表4-2 中产阶级各组别的基本属性

组别	占"中流"比例(%)	平均年龄(岁)	大学毕业率(%)	家庭年收入(万日元)	自民党支持率(%)
①新中产阶级组	13.2	44.1	68.2	992	26.9
②新中产阶级—全职主妇组	16.5	46.8	58.0	725	29.9
③新中产阶级—兼职主妇组	11.7	47.2	52.0	788	25.7
④单身男性新中产阶级	5.6	37.7	67.1	607	31.9
⑤单身女性新中产阶级	5.1	37.8	62.0	546	13.4
⑥新中产阶级退休者	10.5	70.2	49.4	478	37.7
⑦新中产阶级退休后非正式职工	2.8	65.7	41.0	515	40.7
⑧旧中产阶级组	10.9	62.1	21.4	633	43.1

续表

组别	占"中流"比例(%)	平均年龄（岁）	大学毕业率（%）	家庭年收入（万日元）	自民党支持率（%）
⑨旧中产阶级—全职主妇组	7.7	62.1	24.6	544	35.6
⑩旧中产阶级—兼职主妇组	4.8	53.4	19.1	538	21.7
⑪旧中产阶级退休者	2.4	73.4	5.6	228	43.1

资料来源：根据2015年SSM调查数据计算得出。调查对象年龄为20~79岁。

注：旧中产阶级退休者的家庭年收入，去除了一个通过不动产买卖获得6000万日元的案例。

表4-3是各组的经济状况一览表。家庭年收入中新中产阶级组最高，丈夫年收入属于"新中产阶级—全职主妇组（665万日元）""新中产阶级—兼职主妇组（638万日元）"这两类的收入较多。这大概是新中产阶级组从事政府机关工作等专职工作较多的缘故。单身新中产阶级的个人年收入中，男性为415万日元，女性为358万日元，尽管

看起来不多，但这和他们平均年龄较低有直接关系。其中比较引人注目的是，女性贫困率上升到10.9%，这可能与单亲妈妈较多有关。但是，在拥有金融资产方面，单身女性为1166万日元，远超单身男性的722万日元。

就退休后新中产阶级丈夫（男性）的年收入来看，无业者为307万日元，非正式职工为324万日元，比预想的要多一些。两者的区别在于养老金金额，无业者平均领取252万日元，而非正式职工只有137万日元。其中也有部分原因是非正式职工年龄稍小，没有领取养老金的人比较多。但仅限于养老金领取者，无业者的283万日元与非正式职工的178万日元相比，仍然有100万日元以上的差距。同时二者的区别也体现在金融资产额上。无业者平均拥有2289万日元的金融资产，而非正式职工所拥有的金融资产额不足无业者的一半，为1098万日元。也就是说，长期作为新中产阶级工作的二者，养老金的金额和资产的多少是决定其退休后能否过上悠然自得的生活，或是否会成为非正式职工的关键。新中产阶级退休者的贫困率尽管达到了13.0%，但统计的年收入中未包括存款，也就是说实际处于贫困状态的人应该不太多。

表4-3 中产阶级各组别的经济状态

组别	丈夫(男)年收入（万日元）	妻子(女)年收入（万日元）	金融资产（万日元）	不动产资产（万日元）	养老金收入（万日元）	贫困率（%）
①新中产阶级组	594	361	1020	1479	1	0.3
②新中产阶级—全职主妇组	665	20	910	1378	13	2.9
③新中产阶级—兼职主妇组	638	104	872	1438	5	2.2
④单身男性新中产阶级	415	—	722	976	5	1.8
⑤单身女性新中产阶级	—	358	1166	1042	7	10.9
⑥新中产阶级退休者	307	122	2289	2035	252	13.0
⑦新中产阶级退休后非正式职工	324	111	1098	1574	137	4.2
⑧旧中产阶级组	413	137	1339	2158	51	19.8

续表

组别	丈夫(男)年收入(万日元)	妻子(女)年收入(万日元)	金融资产(万日元)	不动产资产(万日元)	养老金收入(万日元)	贫困率(%)
⑨旧中产阶级—全职主妇组	410	77	1381	2347	72	18.9
⑩旧中产阶级—兼职主妇组	356	127	609	1026	25	9.1
⑪旧中产阶级退休者	128	97	895	827	102	67.9

数据来源：根据2015年SSM调查数据计算所得。调查对象年龄为20~79岁。

注：关于旧中产阶级退休者的年收入和资产，去除了一个通过不动产买卖获得6000万日元的案例。

从旧中产阶级的角度来看，在旧中产阶级组和旧中产阶级—全职主妇组中，丈夫的个人年收入都超过400万日元。旧中产阶级组中妻子的个人年收入虽然只有137万日元，但是旧中产阶级无法严格区分丈夫和妻子的年收入，所以应该把两者结合起来看作夫妻收入。在旧中产阶级—兼职主妇组中，丈夫年收入只有356万日元，所以妻子为了补贴家用要从事兼职工作。该组家庭拥有的金融资产和不动产资产分别是609万日元和1026万日元，其实也不少，但是贫困率为9.1%，是旧中产阶级四个组别中最低值，这组还是要通过妻子做兼职来降低贫困风险。与此相对，旧中产阶级退休者的个人年收入为128万日元，不足退休后新中产阶级的一半，贫困率达到67.9%。他们年收入如此低，与领取的养老金较少有关，他们领取的养老金只有112万日元。

由此可知，旧中产阶级退休后的生活基础极为脆弱。而且，即使是新中产阶级，也有一定数量的人不得不靠非正式劳动来维持自己的晚年生活。

本章第二部分将围绕新中产阶级，第三部分将围绕旧中产阶级进行详细分析。详细的汇总数值见本章末的附表1到附表7。

二、现代日本的新中产阶级

新中产阶级的七个组别

这一节将详细介绍新中产阶级的七个组别。新中产阶级和旧中产阶级相比,整体学历比较高,退休前家庭财产丰厚,消费活动和文化活动都很活跃,阶层归属意识也高,但其实内部差异很大。

新中产阶级组

该组夫妻二人均为新中产阶级。2015年SSM调查样本数据里属于这个组别的有390人,占"中流"全体比例为13.2%,占新中产阶级的比例为19.7%。关于新中产阶级学历高这一点,已经在第二章中提到,大学毕业生比例最高的就是新中产阶级组。特别是女性大学毕业生的比例为64.5%,远超其他组别。同时,这个组别从事专业职位比例也较高,多达58.5%,尤其女性从事专业职位比例高达65.9%。此外,由于该组教育、医疗相关专业人员很多,因此该组在政府机关工作的人多达28.9%。

他们的住房拥有率高达77.4%。在家庭构成中，无子女者比例略高，为14.6%，包含一定数量的丁克族（没有孩子的双职工伴侣）。另外，与自己或配偶的母亲同居的人有18.7%，从客观上保证了他们能够从事全职工作。从性别分工意识来看，认为"男性应该在外面工作，女性应该照顾家庭"的人比例较低，女性仅占9.8%，男性也只占20.3%。"新中产阶级组"的女性平均年收入达到了丈夫的三分之二左右，所以有上述想法的人占比较少也不足为奇。虽说这组男性从事家务的时间在有工作的人中是最长的，但在工作日内做家务的时间仅有67分钟，周末也仅有163分钟，和女性做家务的时间差别很大。其实，新中产阶级组已是对传统性别分工持否定态度的一组，但女性是家务劳动的主要承担者这一点丝毫未变。他们的业余休闲时间（兴趣、娱乐、交际的时间）在工作日是1小时左右，在周末是3小时左右。

在消费领域，新中产阶级组拥有钢琴、洗碗机等物品的比例最高，仅在网络的使用率上低于单身女性新中产阶级，可以说该组有着活跃且理性的消费活动。此外，他们的文化活动也很丰富，好奇心十分旺盛。但是志愿者活动、町内会、自治会的参加率并不高。

从阶层归属意识来看，他们认为自己"比普通人好"比例为53.9%，处于所有组别中的最高水平。同时，他们认为自己是幸福的人以及对生活满意的比例也位居最高。另外，认为自己健康状态属于"好"的比例也高达50.5%。K6得分是测定抑郁倾向的指标之一，如果得分在9分以上，患抑郁症的可能性很高。[1]在该组别中，9分以上人的比例为14.5%，除老年人较多的⑥组和⑦组以外，属于较低比例，而且在有配偶的三个组别中差距也不大。总之，学历高收入高，消费活动和文化活动活跃，有"中产意识"的人也很多，可以说是现代日本的一个典型中产形象。

新中产阶级—全职主妇组

该组的特点是丈夫属于新中产阶级，妻子是全职家庭主妇。在2015年SSM调查中，该组样本有490人，占"中产"全体比例为16.5%，占新中产阶级的比例为24.8%，是最大规模的组合。这个组别中，妻子为大学毕业生的比例为52.6%，作为新中产阶级该比例稍低；丈夫属于大学毕业生的比例为67.5%，和上述的"新中产阶级"组相比没太大区别。其中，从事专业技术的比例为40.4%，从事管理岗位的比例为10.4%，其他大部分是从事普通事务岗位的，为34.6%。

他们拥有自家住房比例为73.9%。90%以上的人有子女，特别是在处于30岁年龄段的人中，有子女的比例为90%。和母亲同住的人比例较低，为10.6%，这可能也是妻子很难在外面工作的原因之一。这个组支持传统性别分工的人比例较高，认为"男性应该在外面工作，女性应该照顾家庭"的男性有43.1%，女性为30.0%；认为"比起男性，女性更适合做家务和育儿"的男性占比70.9%，女性多达50.7%。从这个意义上来说，该组可以说过着适合自己性别分工意识的生活。男性工作日从事家务时间是44分钟，周末是159分钟，其实并不是比其他组时间少。但妻子做家务的时间工作日为480分钟，周末也长达461分钟，明显比其他组别时间长，可以看出该组妻子专职从事家务的特点非常显著。不过，在工作日妻子也能有2.5小时的空闲时间，属于名副其实的全职主妇。这组人的家庭财产拥有率虽然不及新中产阶级组，但整体来说也很高。他们参加消费活动、文化活动不是太活跃，社会活动参加率也较低。

该组中认为自己"比普通人好"的比例为49.4%，仅次于新中产阶级组。认为自己比较幸福而且对生活满意的比例也属于第二高。K6得分在9分以上的人的比例比有配偶的其他小组稍高，但是健康状态较好人的比例几乎没有变化。在妻子是全职主妇这一点上，这一组合与新中产阶级组形成鲜明对比；但从意识特征来看还是典型的"中流"，而且从规模数量来看，该组也可以说是位于现代日本"中流"核心位置的人群。

新中产阶级—兼职主妇组

该组的丈夫属于新中产阶级，妻子从事兼职工作。2015年SSM调查的样本中该组别有346人，占"中流"全体比例为11.7%，占新中产阶级比例为17.5%。该组别中大学毕业率丈夫为57.8%，妻子为44.8%，在有配偶的三个组别中位居最低，特别是妻子的学历与新中产阶级组差距很大。按男女进行分类统计，从丈夫的职业种类来看，管理职位比例较高，为12.2%；专业职位比例较低，为28.3%。在其他职业种类中，从事体力劳动且拥有科长以上职位的比例较多，为10.5%（新中产阶级组为4.6%，新中产阶级—全职主妇为5.3%），可以看出，负责劳动现场指挥和调度的人较多。虽说同属新中产阶级，但从职业种类来看，较多人仍处于下层。在妻子的职业种类中，从事事务性工作的最多，为41.0%；服务性职位和体力劳动各占20.5%，职业种类呈现多样性特点。

该组中拥有自己房产的比例高达81.5%，但实际上其中67.4%的人背负着住房贷款等借款，这也是妻子要从事兼职工作的原因之一。从家庭构成来看，有子女的比例和新中产阶级—全职主妇基本相同，和母亲共同居住比例为17.1%，接近新中产阶级组。

该组关于"男性应该在外面工作，女性应该照顾家庭"的性别分工意识与新中产阶级组几乎相同，与新中产阶级—全职主妇组差别较大。该组妻子同样担负了大多数家务劳动，这一点和其他小组几乎一样，但是从事家务的时间工作日为307分钟，周末是372分钟，基本上和新中产阶级组差不多。妻子工作日的休闲时间比全职工作者多1.5小时，从这点来看，二者妻子作为"职业女性"其实有着很多共同点。

该组的家庭财产拥有率整体都很高。消费活动与新中产阶级—全职主妇组基本相同，但参加文化活动，尤其是喜欢读书人的比例，比有配偶的其他两个群体稍低，社会活动参加比例也很低。认为自己"比普通人好"的比例为40.9%，比新中产阶级组低13%，但与单身者和退休者相比，该组认为自己幸福且对生活满意的比例相当高。从这个意义上来说，这些人也可以被视为典型的"中流"。至少从平均值来看，这个组别的女性并没有给人留下经济贫困还要被迫打工的悲惨印象。

以上三个组别在学历和职业等方面多少有些不同，新中间阶级组和"新中间阶级—全职主妇"组在阶层上稍占上位，幸福感和生活满足度都很高。以上三组可以说是现代日本"幸福中产家庭"的典型三种类型。

单身男性新中产阶级

该组是无配偶的新中产阶级男性。2015年SSM调查样本中该组共有167人，占"中流"全体比例是5.6%，占新中产阶级比例为8.4%。该组大学毕业生比例高达67.1%；专业职位比例高达53.9%；然后是事务职位，为37.7%。由于他们平均年龄比较小，因此处于管理职位的仅为2.4%。从具体职业类别来看，最多是技术岗，为25.1%，其次是保健医疗（10.8%）、学校教师（8.4%）等。

其中，该组离婚丧偶的比例为12.6%，这个比例不到接下来要提到的单身女性新中产阶级的一半，有子女的比例也只有11.1%。和他人同居的比例为67.7%，其中有58.7%的人和母亲同居。每周工作时间是44.5小时，和其他组没有太大差别，做家务的时间比较短。毕竟是单身群体，他们工作日的业余时间也超过了100分钟，周末超过5小时，可以充分享受单身生活。

这个组别拥有的家产除了电脑、平板电脑之外，其他物品拥有率都较低。他们的消费活动作为退休前的新中产阶级来说不算太旺盛，但在文化活动方面还可以。同时，社会活动参加率也很低。从阶层归属意识来看，认为自己"比普通人好"的比例略低，为34.8%。而且，认为自己幸福的人的比例明显较低，为33.7%，仅为有配偶三个群体的一半左右。生活满意度也不高，虽然K6得分在9分以上的比例比单身女性低，但也达到25%；而且除退休后的两个小组以外，认为自己健康状态良好的人比例最低。可能至少对于男性来说，中产的幸福感大多是在结婚组成家庭后产生的。

单身女性新中产阶级

该组是无配偶的新中产阶级女性群体。2015年SSM调查样本中该组共有150人，占"中流"全体比例为5.1%，占新中产阶级的比例为7.6%。这组大学毕业生占比为62.0%，学历较高。从就职岗位来说，没有人从事事务性工作，从事管理性工作的也很少，有92.7%的人都是专业岗位人员。与男性不同，技术人员仅为8.7%，保健医疗人员占38.8%（其中60%以上是护士），学校教师占15.4%，保姆占14.0%。可以看出，该组从事"女性职业"的特点较强，但大多为底层技术职业。

该组中有29.3%的人有离婚或丧偶经历，有子女的占比为29.0%，同时有19.3%的人和子女同居，这一点和单身男性有所不同。关于性别分工的认识和有配偶工作的女性很相似。虽然单身女性做家务的时间比较短，但是和单身男性相比仍是男性的两倍以上，业余时间和单身男性基本相同。

在家庭财产方面，钢琴的拥有率正在提高。消费活动和文化活动比单身男性更加活跃，特别是愿意去杂志和书上推荐的餐厅就餐的比例更高。文化活动也很活跃，可以看出她们比较享受单身生活。但是，她们参加社会活动的比例最低。

在意识方面，她们和单身男性稍有不同。虽然不像有配偶的女性那样，但是认为自己幸福的人同样很多，生活满足度也不低。从这个意义上来说，可以说与单身男性相比，她们更具有"单身贵族"的性格。也就是说，女性和男性不同，即使不组建家庭也能享受"中流"的幸福。但是，这主要是对于没有孩子的未婚女性来说是这样。而认为自己幸福的比例，有过离婚或丧偶经历的女性是44.2%，未婚的是53.8%；有同居子女的女性是41.4%，无同居子女的是53.4%。

新中产阶级退休者

该组是指50岁时为新中产阶级，而调查时处于无业状态的男性。2015年SSM调查样本中该组共有310人，占"中流"全体比例为10.5%，占新中产阶级的比例为15.7%。

这个群体平均年龄较高，大学毕业生比例也不高，为49.4%。50岁时从事职业类别比例为：专业职务22.6%，管理职务21.0%，事务性职务34.2%；其余的22.3%是科长以上职位的销售岗、体力劳动者等；在政府机关工作比例较少，为12.0%。

这个群体拥有自家房产比例高达93.5%，另外有住房贷款等借款的人仅占7.3%。他们的金融资产达到2289万日元，可以说是富有财力的人。工作日和周末做家务时间都是1.5小时左右，可能是年龄原因，照顾子女时间并不多，所以还能协助做家务。他们无论工作日还是休息日都可以享受3小时以上的闲暇时间，可以说过着幸福安逸的老年生活。

这组的其他家产拥有率略低，可能与年龄大有一定关系，但他们持有股票、债券的比例还很高。参加文化活动也很活跃，喜欢读书的人的比例较高。此外，这组人员参加志愿者活动、町内会、自治会活动的比例最高，他们是社区活动的主要承担者。

这个组别中，无论是认为自己比"普通人好"，还是认为自己很幸福以及对生活满意的比例都要比有工作且有配偶的新中产阶级低,这多半是因为该组13%的人处于贫困阶层,如表4-3所示。如果将陷入贫困的13%去除,退休新中产阶级中认为自己"比普通人好"、认为自己很幸福以及对生活满意的比例都接近于处于工作阶段的新中产阶级,分别为39.4%、58.7%与82.4%。也就是说,除贫困阶层的话,这部分人群也是现在继续享受"中流"带来富足生活的人们。

新中产阶级退休后非正式职工

该组是指在50岁时为新中产阶级的人群,调查时他们为非正式职工。2015年SSM调查中该组样本有83人,占"中流"全体比例是2.8%,占新中产阶级的比例是4.2%,规模较小。

他们在50岁时的职业种类和新中产阶级退休者有很大的不同,从事专业职务的仅有6.0%,管理职务是26.5%,事务性职务是43.4%,剩下的24.1%是科长以上职位的销售、体力劳动者等。另外,他们50岁时在人数不足300人的单位工作比例较高,为37.3%;在政府机关工作的占比较少,为12.0%。

与此相对,在职业类别中,他们较多从事的是事务性职务（41.0%），其次是体力工作（36.1%）和保安职位（12.0%）。进一步细看的话，从事看守、门卫、监视员的9人，汽车司机7人，其他劳务人员4人，清洁工3人，邮政或电报员2人，其他技能、生产工程工人2人，仓库看守员2人，搬运工2人，等等。也就是说，他们在50岁的工作和现在的工作之间没有任何关系，其中看守、门卫、监视员中有3人原来是管理人员，4人原来是普通职员；汽车司机中有3人原来是管理人员，2人原来是普通职员。此外，在商品制造工厂工作的体力劳动者中的7人，有3人原来是管理人员，1人为普通职员。可以看出，即使原本属于新中产阶级的人，退休后再就业时也无法选择职业。

虽然该组的房产拥有率高达86.8%，但有23.7%的人背负着住房贷款，可能也与部分人从事非正式工作有关。他们每周的平均劳动时间是29.1小时，和子女同住的比例是53.0%，比新中产阶级退休者高很多，但是他们在经济上并不依赖与其同住的子女。从个人收入占家庭收入的比例来看，有74.9%的人占比达50%以上。也就是说退休后仍然承担养家照顾子女的人较多。虽然家庭其他财产的拥有率不太高,但是持有股票、债权的比例高达37.5%。他们的消费活动不怎么活跃,喜欢读书人的比例也不高。尽管参加社会活动的人还算不少,但也没有新中产阶级退休者那么多。

该组中,认为自己"比普通人好"的比例是30.5%,在新中产阶级所有群体中最低,但是认为自己幸福和对生活满意的比例并不是最低。这可能是因为加上非正式工作的收入,家庭收入还可以。但是,换个角度想,退休后他们做着与退休前完全不同的工作来补贴家用,这对进入晚年的他们来说也绝对不是一件轻松的事情。他们可以说是"原中流",但无法说现在仍然过着"中流"生活。

顺便说一下,和子女一起生活的新中产阶级退休者中,71.1%家庭收入中的50%以上是其个人收入。也就是说,很多人只靠养老金收入和其他收入来维持自己和子女的生活。新中产阶级退休后,由于养老金、财产收入以及存款等收入的不同,分化成了可以继续过属于"中流"的生活和无法继续过往生活的人。

三、现代日本的旧中产阶级

旧中产阶级的四个组别

下面对旧中产阶级的四个组别进行详细分析。旧中产阶级和新中产阶级的学历、职业构成有很大不同。而且,还在现役工作的三个旧中产阶级之间,职业种类也有很大不同,内部差异较大。

旧中产阶级组

该组是指夫妻二人都属于旧中产阶级且自主经营家业的人。2015年SSM调查中该组样本共有323人,占"中流"全体比例为10.9%,占旧中产阶级的比例为32.8%。从职业类型看,农林渔业占33.7%,约占三分之一,除此之外还有的从事体力劳动(18.6%)、销售(16.7%)。从丈夫和妻子各自的角度来看,农林渔业和销售职位的比例没有很大差别,但是在体力工作者中丈夫占24.5%,妻子仅占12.1%;在事务性工作者中丈夫占1.9%,妻子却占23.9%,二者有很大不同。也就是说,丈夫从事现场作业、妻子从事事务性工作的情况比较多。可以看出，夫妻共同经营农户、商店还有分担体力劳动和事务性工作的人们，是这个组别的核心。

这个组别中，丈夫一周的劳动时间是48小时，妻子是34.9小时；丈夫做家务的时间为1.5小时，妻子为4小时。这个组别的妻子做家务的时间在女性中属于较少的，仅次于单身女性新中产阶级。闲暇活动时间女性要多于男性。其他家产拥有率虽然低于新中产阶级中的很多组别，但是在旧中产阶级里并不算低。尤其在钢琴和洗碗机拥有率高的地方，该组拥有率也不算低，他们可以感受到与新中产阶级相近的"中流"感觉。虽然他们的消费活动和文化活动不能算是活跃，但这也是因为住在农村的人较多。与新中产阶级很不同的一点是，他们参加志愿活动、自治会以及町内会活动的比例，不论他们尚在工作还是退休，均很高。

该组中认为自己"比普通人好"的比例是35.5%，属于旧中产阶级中最高的，接近新中产阶级水平。他们对生活的满足度也很高，可以说是旧中产阶级中最像"中流"的人群。

旧中产阶级—全职主妇组

该组中丈夫属于旧中产阶级，妻子为无业全职家庭主妇。2015年SSM调查中该样本共有228人，占"中流"全体7.7%，占旧中产阶级的比例为23.1%。

从职业类别看，丈夫从事体力劳动的最多，占41.4%；其次为农林渔业（22.0%）、销售（17.8%）以及专业岗位（15.0%）。从产业类别来看，该组有着更明显的集体特征。从事农林渔业（22.3%）、零售批发业（11.8%）的较多，这与旧中产阶级组是共通的。但实际上最多的是建筑业（22.8%），其次是房地产（6.6%）、服务业（4.8%）、技术服务业（4.4%）等。另外，虽然该组其他就业类别的人数很少，但是在宗教、教育、学习辅导、医疗等专业性较高的产业领域中也各有几名，合计起来人数也可以。也就是说，其中建筑业和专业性高的服务业的从业者占了该组人群的很大一部分。虽说是个体经营，但也不用妻子帮忙，妻子可以成为全职主妇。

该组和母亲同住的人仅占10.5%，但有逐步增加的倾向。在意识层面，认为"男性应该在外面工作，女性应该照顾家庭"的男性比例，仅次于尚在工作的新中产阶级—全职主妇组中的男性，同时拥有该意识的女性比例也很高。丈夫每周工作时间不太长，为39.5小时。做家务的时间工作日是50分钟；休息日是80分钟，比较短。而妻子做家务的时间不论工作日还是休息日都有6小时之多。

该组中认为自己"比普通人好"的比例为28.4%，认为自己比较幸福的比例为60.1%，在旧中产阶级中处于最高水平。K6得分在9分以上的人有9.7%，与旧中产阶级组一样低。与旧中产阶级组传统的个体经营策略有不同，他们是以现代自营业为主开展工作，可以说也是旧中产阶级中一种典型的"中流"。

旧中产阶级—兼职主妇组

该组中丈夫为旧中产阶级，妻子从事兼职工作。2015年SSM调查中该组样本共有141人，占"中流"全体比例为4.8%，占旧中产阶级的比例为14.3%。在丈夫的职业种类中，体力劳动者占49.3%，其次是农林渔业（15.7%）、销售和专业技术人员（均为14.3%）。在农林渔业较少的地方，该组在农林渔业的从业比例和旧中产阶级—全职主妇相似。在产业领域也有共同点，建筑业（31.9%）最多，其次是农林渔业（14.2%）、批发零售业（9.9%）。房地产业（1.4%）、专门服务业（2.8%）与技术服务业（3.5%）等专业性较强的领域的从业者较少，与上一个组有很多共同点。那么这两个组有什么不同呢？最大的区别就是丈夫的收入和资产。如表4-3所示，旧中产阶级—全职主妇组是指丈夫年收入为410万日元，金融资产为1381万日元，不动产资产为2347万日元的人群。与此相对，旧中产阶级—兼职主妇组分别为年收入356万日元、金融资产609万日元与不动产资产1206万日元。这种经济实力的差距也是这组妻子需要从事兼职工作的重要原因。还有一个原因可能是丈夫经营的企业规模比较小，并不需要妻子帮忙。

因此，该组也是11个组别中比较缺乏"中流"实质的一组。旧中产阶级整体的房产拥有率很高，只有这个组是78.1%。认为"男性应该在外面工作，女性应该照顾家庭"人的比例，男性为21.7%，和新中产阶级组一样低，多半是因为"不能说那样的话"。该组其他家产的拥有率，如DVD录像机、电脑或平板电脑、高速网络线路等，在旧中产阶级中是最高的,这也和他们的平均年龄只有53.3岁(比较年轻)有关。在消费活动中,该组使用网络的人较多,而参加社会活动的比例在旧中产阶级中是最低的。

此外,最重要的是,该组认为自己"比普通人好"的比例仅有14.2%,属于比较低的组别。他们的健康状况也不太好,K6得分在9分以上人的比例超过20%。他们靠着自己经营家业为生,从形式上来看可以说是"中流",但说到底也仅为"形式上的'中流'"。在关于个体经营者的研究中,我们将个体经营者中没有实际收益的贫困群体称为"名义上的个体经营者阶层""伪装的无产阶级"等,然而,这是一个包含许多人的团体。实际上,从这个组别的丈夫们从事最多的行业即建筑业的从业人员规模来看,有76%属于"单人工作"。也就是说,所谓的个体经营者只是徒有虚名的个体劳动者。

旧中产阶级退休者

该组为50岁时是旧中产阶级,退休后是无业人士的人群。2015年SSM调查中该组样本共有72人,占"中流"全体比例为2.4%,占旧中产阶级的比例为7.3%。从他们在50

岁时从事的职业种类来看，体力劳动（44.4%）最多，其次是销售（31.9%）。从事农林渔业的之所以不多，大概是因为从事农林渔业的人们即使到了高龄也不需要退休。因此，也可以说该组其实是在尚在工作的旧中产阶级中，由农民以外的人组成的一个团体。

关于这个组别经济基础的脆弱性，虽然之前已经说过了，但是加上高龄的原因，不论是其他家产的拥有率，还是DVD录像机等技术产品的拥有率都非常低，但钢琴的持有率不低。上述技术产品拥有率低的原因可能是在新兴技术产品普及前大多数人已经退休了。在消费活动中，他们的网络使用率仅为5.6%，文化活动也不怎么活跃，但是参加志愿活动和自治会、町内会活动的比例却很高。与新中产阶级退休者相比，他们是城市社区活动的主要承担者。旧中产阶级退休者还是小地方以及商业区的活动中心人物。

该组认为自己"比普通人好"的比例只有23.6%。尽管如此，还是比旧中产阶级—兼职主妇组要高很多。此外，他们认为自己幸福和对生活满足的比例最低，即使是老年人，他们的K6得分在9分以上的比例也达到了20%。退休后的大多数新中产阶级都是新中产阶级退休者，过着经济宽裕的晚年，仍是"中流"。与此相对，旧中产阶级却很难继续保持"中流"状态。从这个意义上来说，这些人和新中产阶级退休后非正式职工一样，是在退休时从"中流"跌落下来的人。

四、"中流"的多样性与共通点

如上所述，"中流"的内部其实有着非常复杂的多样性。新中产阶级和旧中产阶级之间有差异是理所当然的，但两者各自在其内部也有着多样性。新中产阶级是位于资本家阶级和工人阶级中间位置的"中流"，但是由于性别、配偶关系，以及夫妇就业状态的不同，差别很大。同时在退休后，也分成能维持"中流"生活的人和不能维持"中流"生活的人。旧中产阶级是具有资本家阶级和工人阶级两种性质的"中流"，但是由于其经营的事业规模存在差异，该群体内部也有着很大不同。有的旧中产阶级同样会从"中流"跌落下去。

其实不具备"中产"实质的一部分人，主要包括新中产阶级退休后非正式职工、旧中产阶级退休后非正式职工、旧中产阶级—兼职主妇组、旧中产阶级退休者，以及还没有实现真正意义"中产"的单身男性新中产阶级之外，其余组别无论从收入还是从意识方面都有着很多方面的共同点。而且，至今为止有很多专家认为，从"中流"的共同点来看，中产阶级有着与资本家阶级和工人阶级不同的特征，扮演着不一样的社会角色。下一章将展开具体论述。

附表1 中产阶级各组别的学历与职业

组别	男性大学毕业比例	女性大学毕业比例	专业职位比例	农林渔业比例	体力劳动比例	管理职位比例	员工规模300人以上	政府部门从业比例
①新中产阶级组	71.1%	64.5%	58.5%	—	2.3%	4.4%	28.6%	28.9%
②新中产阶级—全职主妇组	67.5%	52.6%	40.4%	—	5.3%	10.4%	44.1%	19.7%

第四章 作为实体的"中流"

续表

组别	男性大学毕业比例	女性大学毕业比例	专业职位比例	农林渔业比例	体力劳动比例	管理职位比例	员工规模300人以上	政府部门从业比例
③新中产阶级—兼职主妇组	57.8%	44.8%	28.3%	—	10.5%	12.2%	48.6%	15.5%
④单身男性新中产阶级	67.1%	—	53.9%	—	1.2%	2.4%	35.9%	16.2%
⑤单身女性新中产阶级	—	62.0%	92.7%	—	0.0%	1.3%	23.5%	21.5%
⑥新中产阶级退休者	49.4%	28.3%	22.6%	—	8.4%	21.0%	50.3%	27.0%
⑦新中产阶级退休后非正式职工	41.0%	27.6%	6.0%	—	9.6%	26.5%	50.6%	12.0%
⑧旧中产阶级组	25.8%	15.5%	6.2%	33.7%	18.6%	—	—	—

续表

组别	男性大学毕业比例	女性大学毕业比例	专业职位比例	农林渔业比例	体力劳动比例	管理职位比例	员工规模300人以上	政府部门从业比例
⑨旧中产阶级—全职主妇组	28.3%	21.7%	15.0%	22.0%	41.4%	—	—	—
⑩旧中产阶级—兼职主妇组	21.3%	17.0%	14.3%	15.7%	49.3%	—	—	—
⑪旧中产阶级退休者	5.6%	1.9%	5.6%	12.5%	44.4%	—	—	—

数据来源：2015年SSM调查数据，被调查者年龄为20~79岁。

注：专业人员和管理人员即使是非正式雇佣也被归为新中产阶级。旧中产阶级在职业分类的定义上，没有管理职位。"专业职位比例""管理职位比例""员工规模300人以上""政府部门从业比例"是指①⑧回答者本人（不包括配偶）、②③⑨⑩丈夫（不包括兼职主妇）、⑥⑦⑪在50岁时的情况。

附表2　中产阶级各组别的住宅与家庭构成

组别	房产拥有率	有同住家人	有子女	有同住子女	有同住母亲	离婚或丧偶率
①新中产阶级组	77.4%	99.0%	85.4%	77.4%	18.7%	—
②新中产阶级—全职主妇组	73.9%	99.6%	91.5%	77.1%	10.6%	—
③新中产阶级—兼职主妇组	81.5%	99.4%	90.6%	76.3%	17.1%	—
④单身男性新中产阶级	65.9%	67.7%	11.1%	4.8%	58.7%	12.6%
⑤单身女性新中产阶级	68.0%	69.3%	29.0%	19.3%	49.3%	29.3%
⑥新中产阶级退休者	93.5%	93.9%	92.5%	30.3%	9.7%	5.2%
⑦新中产阶级退休后非正式职工	86.8%	94.0%	93.9%	53.0%	4.8%	6.0%
⑧旧中产阶级组	93.1%	100.0%	93.0%	60.1%	20.4%	—
⑨旧中产阶级—全职主妇组	85.9%	99.1%	93.1%	53.5%	10.5%	—

续表

组别	房产拥有率	有同住家人	有子女	有同住子女	有同住母亲	离婚或丧偶率
⑩旧中产阶级—兼职主妇组	78.1%	98.6%	91.4%	70.2%	20.6%	—
⑪旧中产阶级退休者	86.1%	87.5%	94.3%	25.0%	6.9%	20.8%

资料来源：2015年SSM调查数据计算得出，被调查者年龄为20~79岁。

注：同住母亲包括自己以及配偶的母亲。

附表3　中产阶级各组别的性别分工意识

组别	男性应该外出工作，女性应该照顾家庭		不论家务还是育儿，女性比男性更适合	
	男性	女性	男性	女性
①新中产阶级组	20.3%	9.8%	54.9%	40.6%
②新中产阶级—全职主妇组	43.1%	30.0%	70.9%	50.7%
③新中产阶级—兼职主妇组	26.4%	15.6%	55.6%	40.3%

第四章　作为实体的"中流"

续表

组别	男性应该外出工作，女性应该照顾家庭		不论家务还是育儿，女性比男性更适合	
	男性	女性	男性	女性
④单身男性新中产阶级	22.5%	—	46.9%	—
⑤单身女性新中产阶级	—	15.2%	—	38.6%
⑥新中产阶级退休者	36.3%	—	67.8%	—
⑦新中产阶级退休后非正式职工	37.5%	—	75.3%	—
⑧旧中产阶级	33.8%	31.0%	62.7%	52.3%
⑨旧中产阶级—全职主妇组	35.8%	33.9%	60.2%	49.5%
⑩旧中产阶级—兼职主妇组	21.7%	20.3%	61.0%	55.1%
⑪旧中产阶级退休者	39.4%	—	75.0%	—

资料来源：2015年SSM调查数据计算所得，被调查者年龄为20~79岁。
注：也包括"同意""不管从哪方面看都觉得是这样"的合计。

附表4 中产阶级各组别的生活时间

组别	每周劳动时间（小时）		工作日家务时间（分钟）		休息日家务时间（分钟）		工作日兴趣、娱乐、社会交往等时间（分钟）		休息日兴趣、娱乐、社会交往等时间（分钟）	
	男性	女性	男性	女性	男性	女性	男性	女性	男性	女性
①新中产阶级组	46.1	38.2	67	281	163	407	66	62	187	166
②新中产阶级—全职主妇组	46.8	—	44	480	159	461	64	147	174	165
③新中产阶级—兼职主妇组	45.3	25.0	45	307	118	372	64	95	196	174
④单身男性新中产阶级	44.5	—	41	—	79	—	103	—	319	—
⑤单身女性新中产阶级	—	43.4	—	95	—	176	—	102	—	294
⑥新中产阶级退休者	—	—	87	—	89	—	184	—	192	—

续表

组别	每周劳动时间（小时）		工作日家务时间（分钟）		休息日家务时间（分钟）		工作日兴趣、娱乐、社会交往等时间（分钟）		休息日兴趣、娱乐、社会交往等时间（分钟）	
	男性	女性	男性	女性	男性	女性	男性	女性	男性	女性
⑦新中产阶级退休后非正式职工	29.1	—	42	—	66	—	103	—	180	—
⑧旧中产阶级组	48.0	34.9	92	245	92	245	97	125	159	173
⑨旧中产阶级—全职主妇组	39.5	—	50	364	80	356	99	142	165	161
⑩旧中产阶级—兼职主妇组	40.6	24.9	53	290	81	362	90	97	157	159
⑪旧中产阶级退休者	—	—	81	—	78	—	122	—	122	—

资料来源：2015年SSM调查数据计算得出，被调查者年龄为20~79岁。

附表5　中产阶级各组别的其他家产拥有情况

组别	钢琴	洗碗机	DVD刻录机	电脑或平板电脑	宽带网络	股权债权
①新中产阶级组	38.1%	51.2%	89.6%	97.1%	83.8%	21.7%
②新中产阶级—全职主妇组	30.0%	43.8%	86.0%	96.9%	80.2%	26.0%
③新中产阶级—兼职主妇组	31.2%	47.9%	90.9%	95.9%	80.0%	23.8%
④单身男性新中产阶级	17.1%	27.4%	68.9%	93.9%	73.2%	18.3%
⑤单身女性新中产阶级	36.9%	30.9%	75.2%	89.3%	64.4%	12.8%
⑥新中产阶级退休者	30.8%	33.4%	71.1%	79.5%	61.4%	43.8%
⑦新中产阶级退休后非正式职工	23.8%	25.0%	75.0%	86.3%	58.8%	37.5%
⑧旧中产阶级组	28.2%	32.7%	67.3%	74.4%	53.5%	20.8%

第四章　作为实体的"中流"

续表

组别	钢琴	洗碗机	DVD刻录机	电脑或平板电脑	宽带网络	股权债权
⑨旧中产阶级—全职主妇组	26.2%	28.5%	67.9%	77.4%	50.7%	24.0%
⑩旧中产阶级—兼职主妇组	23.0%	20.9%	82.0%	83.5%	58.3%	10.1%
⑪旧中产阶级退休者	23.6%	20.8%	43.1%	37.5%	22.2%	15.3%

资料来源：根据2015年SSM调查数据计算所得，被调查者年龄为20~79岁。
注：表中显示的拥有上述物品人的比例。

附表6 中产阶级各组别的生活方式

组别	消费活动			文化活动			社会活动	
	信用卡购物	网络购物以购票	去杂志、书上推荐的餐厅就餐	去美术馆、博物馆等	去图书馆	阅读小说、历史方面的书籍	志愿活动	自治会、町内会活动
①新中产阶级组	71.4%	71.4%	50.9%	36.2%	56.2%	65.6%	7.7%	29.2%

续表

组别	消费活动			文化活动			社会活动	
	信用卡购物	网络购物以购票	去杂志、书上推荐的餐厅就餐	去美术馆、博物馆等	去图书馆	阅读小说、历史方面的书籍	志愿活动	自治会、町内会活动
②新中产阶级—全职主妇组	66.3%	63.3%	41.2%	27.6%	51.9%	64.3%	5.9%	23.8%
③新中产阶级—兼职主妇组	69.6%	60.3%	40.6%	28.9%	45.9%	58.1%	3.7%	28.1%
④单身男性新中产阶级	60.6%	70.3%	32.7%	34.1%	42.7%	62.8%	6.6%	10.8%
⑤单身女性新中产阶级	65.3%	72.0%	49.0%	35.3%	53.4%	66.7%	6.0%	6.6%
⑥新中产阶级退休者	45.4%	31.7%	24.2%	36.4%	46.8%	67.1%	18.0%	42.2%
⑦新中产阶级退休后非正式职工	41.4%	28.1%	22.0%	31.7%	39.0%	58.6%	13.2%	36.2%

续表

组别	消费活动			文化活动			社会活动	
	信用卡购物	网络购物以购票	去杂志、书上推荐的餐厅就餐	去美术馆、博物馆等	去图书馆	阅读小说、历史方面的书籍	志愿活动	自治会、町内会活动
⑧旧中产阶级组	34.0%	27.1%	16.3%	22.1%	25.6%	42.5%	14.5%	42.5%
⑨旧中产阶级—全职主妇组	38.2%	26.8%	24.1%	25.0%	32.6%	47.1%	12.3%	41.7%
⑩旧中产阶级—兼职主妇组	40.0%	36.4%	24.3%	14.2%	31.4%	44.3%	10.7%	36.2%
⑪旧中产阶级退休者	16.6%	5.6%	8.3%	13.9%	23.6%	38.9%	15.3%	40.3%

资料来源：根据2015年SSM调查数据计算得出，被调查者年龄为20~79岁。

注：消费活动是"经常进行""偶尔进行"的合计。文化活动具体指1年进行1次以上的活动的比例。社会活动也是"经常进行""偶尔进行"的合计。

附表7 中产阶级各组别的自我评价与健康状态

组别	认为自己比普通人过得好	自己很幸福	对生活很满足	健康状态好	K6得分在9分以上
①新中产阶级组	53.9%	76.4%	87.9%	50.5%	14.5%
②新中产阶级—全职主妇组	49.4%	71.8%	86.1%	48.0%	18.6%
③新中产阶级—兼职主妇组	40.9%	68.4%	82.9%	47.5%	15.0%
④单身男性新中产阶级	34.8%	33.7%	68.1%	43.3%	25.0%
⑤单身女性新中产阶级	36.0%	51.0%	72.7%	48.0%	30.2%
⑥新中产阶级退休者	36.2%	53.6%	79.0%	38.2%	7.5%
⑦新中产阶级退休后非正式职工	30.5%	59.5%	73.5%	34.1%	7.3%
⑧旧中产阶级组	35.5%	56.1%	77.7%	40.6%	9.6%

续表

组别	认为自己比普通人过得好	自己很幸福	对生活很满足	健康状态好	K6得分在9分以上
⑨旧中产阶级—全职主妇组	28.4%	60.1%	76.3%	34.2%	9.7%
⑩旧中产阶级—兼职主妇组	14.2%	49.6%	66.0%	36.0%	20.7%
⑪旧中产阶级退休者	23.6%	33.8%	56.9%	25.0%	20.0%

资料来源：根据2015年SSM调查计算所得，被调查者年龄为20~79岁。

注："认为自己比普通人过得好"的比例是"很好"以及"一般好"的合计。"自己很幸福"是指满分为10分，得分7分以上的比例。"对生活很满足"是指"很满足""基本满足"的合计。"健康状态好"是指"非常好""基本可以"的合计。

第五章 作为主体的『中流』

一、法西斯主义的主要社会基础:"中流"

(一)中产阶级成为法西斯主义主要的社会基础

20世纪20年代,法西斯主义兴起之初,就有人提出了一个有力的假设,即支持法西斯主义的社会基础就是社会中间层。该假设同时被称为"中间层法西斯主义论"或"中间层纲领(中间层命题)"。其代表性的论者,如由德国后来移居美国的社会心理学家艾瑞克·弗洛姆(Erich Fromm)、美国的社会学家西摩·马丁·李普塞特(Seymour Martin Lipset)等。

根据弗洛姆的说法,资本主义使人们获得经济自由,特别是中产阶级享受了这样的自由。但与此同时,人性可能会丧失,人与人的关系成为一种互相可利用的手段。由此,人们在无力感和孤独感编织的罗网中挣扎,不可自拔。在弗洛姆看来,经济自由是把双刃剑。一方面,经济自由增强了个体的自主性和独立性;另一方面,经济自由也割断了个体与自然、个体与社会的纽带,使每个个体的孤立感和孤独感空前强烈。作者将自由所带来的孤独感称为"自由的重负",当这种重负达到一定程度时,人就会选择从逃避自由转为服从权威,与同样服从的其他人产生一体化,从而获得精神安定。弗洛姆将这种倾向称为"权威主义的个性"。权威主义的个性在以德国为首的欧洲各国的下层中产阶级中广泛流行。在这里,下层中产阶级指的是小商店主、工匠、白领工人等。

弗洛姆论述道,德国的下层中产阶级原本就有这样的倾向,第一次世界大战战败后的社会变化加剧了这一倾向。战败和君主制的崩溃使得人们失去了对国家和君主的心理支柱。加之通货膨胀的影响,个体经营者们失去了很多财产,经济基础被进一步破坏。革命提高了工人阶级的地位,下层中产阶级的地位相对降低。这样一来,下层中产阶级的无力感、不安感、孤立感增强,成为法西斯主义的心理基础。[1]

其次,李普塞特提到,法西斯主义大多是中产阶级的自由主义政治立场在各种社会经济条件下走向极端而形成的。他认为，现代社会的政治立场分为左翼、中间派、右翼三种。左翼通常的意识形态是社会主义，支持这种意识形态的是工人阶级和贫困阶层。右翼的意识形态是保守主义，支持该意识的是比较富裕的人，如大企业、农场经营者、管理层和教会等传统组织中的人们。而且这两种意识形态在各种条件下都会走向极端，从而导致社会主义变成左翼极端主义，保守主义变成右翼极端主义。

与此相对，属于中间派的自由主义，一方面支持自由经济，另一方面支持小企业的存续；要求实现政府管控的最小化，反对强有力的工会，追求机会平等，反对强制的收入平均化，反对贵族制和传统主义。支持上述主张的为中产阶级，即小企业、白领、专业人员中的反宗教人士等。

一般来说，左翼极端主义和右翼极端主义会带来独裁统治，而中间派则多被认为是民主主义的拥护者。然而，李普塞特认为这样的理解是错误的，实际上中间派也会走向极端，自由主义也会变成法西斯主义。他列举了法西斯主义政党得票率的变化、地理分布、党员职业构成等相关数据，表明法西斯主义政党窃取了原本支持中间派政党的民众的支持。法西斯主义处于资本主义支持者和社会主义支持者双方的角度，同时又对大企业和工会双方提出异议，因此获得了中产阶级的支持。[2]

以上的主张都是将新中产阶级和旧中产阶级合在一起称为"中间层"或"中产阶级"。考虑到新中产阶级和旧中产阶级之间存在着各种各样的差异，当然会产生把两者归拢在一起是否合适的疑问。关于这一点，日本政治学者山口定在经过研究后提出德国旧中产阶级的分量很高，而意大利新中产阶级的分量很高等，虽然国家不同，但是"各中产阶层是法西斯主义最中心的支持基础这一点本身是不会改变的"。[3]

（二）丸山真男的看法

日本政治学者丸山真男也认为法西斯主义的社会中坚力量是中产阶级的一部分。他指出，日本的中产阶级中，第一类包括小工厂主、工厂师傅、土建承包商、零售商店主、木匠师傅、小地主、佃农上层、学校教师，特别是小学、中学教师、村政府官员和办事人员、其他一般的下级官员、僧侣、神官";第二类包括城市里的工薪阶层(即所谓的文化人)、记者、高级知识分子(教授和律师等)以及学生。后者整体上对法西斯主义运动有厌恶情绪,不积极支持,而前者是法西斯主义的社会基础。顺便说一下,丸山把前者称为"模拟知识分子",后者称为"本来的知识分子"。[4]前者除了小学教师、下级公务员、神官等国家机构的基层成员外,基本上可以被视为旧中产阶级。所以日本的法西斯主义支持者类型是与德国很类似的,即旧中产阶级。

(三)呼吁法西斯主义运动的室伏高信

在"二战"前的日本,室伏高信是呼吁以中产阶级为主体的法西斯运动的人物之一。室伏是出生于1892年的记者,他最初在思想上与社会主义产生了共鸣,参加了围绕社会民主主义的争论,后来在思想上与纳粹产生了共鸣,1932年出版了《中产阶级的社会学》。他在书中的主张如下。

近代社会有资产阶级、无产阶级、中产阶级三个阶级。

中产阶级既不是资产阶级也不是无产阶级,而是与这两大阶级对立,主要由知识、技术阶级、白领、中小工商业者以及农民构成。虽然无产阶级被产业资本家剥削,但是中产阶级也因为垄断价格和利率被金融资本家剥削。中产阶级是人口中最大部分,今天不是资产阶级与无产阶级对立的时代,而是金融资本家与中产阶级的时代。纲领中提出"创造和维持健全的中产阶级",其认为代表中产阶级的是纳粹。而室伏宣布了以中产阶级为主体的整体运动的必然性,发表如下声明。

新的现实有新的要求。现在中产阶级需要属于其自身的思想、组织、意识形态和运动。世界上汹涌澎湃的法西斯浪潮是这个倾向的具体表现……中产阶级是国民大众,大众的运动不是局部运动,而是整个社会的运动。[5]

(四)新旧中产阶级较多的网络右翼

那么,现代日本的"中流"会成为法西斯主义的旗手吗?虽然现代日本并没有存在与过去具有完全相同意义的"法西斯主义运动",但是将范围进一步扩大,我们可以从国家主义和排外主义①的角度展开分析。

社会学家樋口直人对排外主义运动的活动家们进行了多次采访调查。结果显示，排外主义运动的活动家中有很多大学毕业生，其中大部分是有正式工作的白领。[6]此外，永吉希久子以约8万人为对象进行了网络调查，通过保守主义、排外主义、网络上的政治意见发布这三个指标来定义"网络右翼"，并对其特征进行分析。结果显示，"网络右翼"年龄在40岁以上，性别为男性，职业为公司经营者和个体经营者的较多，学历方面没有明确倾向。[7]综上所述，在现代日本的排外主义者和"网络右翼"中，新、旧中产阶级比较多。

---

① 国家主义是指近代兴起的关于国家主权、国家利益与国家安全和国民利益的问题的一种政治学说。国家主义的核心就是倡导国民通过契约法律为本位，引导国民维护国家利益，国家维护国民利益，共同约束。而排外主义是指盲目地排斥一切外域的科学文化、安于民族现状的一种错误思潮。这种思潮认为外域的一切都是坏的，其中没有任何值得吸取和借鉴的东西。——译者注

二、稳健保守的中产阶级

中产阶级的政治作用

如前所述,根据李普塞特所指,在通常的社会经济条件下,中产阶级支持的政治立场既不是左翼也不是右翼而是中间派,其政治思想体系是自由主义。自由主义和社会主义不同,自由主义一方面支持自由经济,反对影响较大的工会;另一方面认可政府对经济进行最小限度的干涉和介入,反对大资本的支配,保护小企业。而且自由主义是一种反对贵族制和传统主义的近代主义,可以说是稳健保守类型。

自古以来就有很多人认为,这种政治立场的主要力量是中产阶级,其中被认为提出这一主张的先驱是德国社会政策学家古斯塔夫·施穆勒(Gustav von Schmoller)。雨宫昭彦在他1918年的论文中,总结如下。

根据施穆勒的说法,中产阶级传统包括手工业者和农民等,但是他在这里新加入了公司职员和工厂师傅等"新中产身份"。这些人有以下特征：有比较高的教养和礼节，不以追求盈利为目的，以年薪的形式获得稳定收入，拥有小规模财产。这些人由社会各个阶层的人，特别是中产阶层出身且有能力的人组成，有着为了追求更稳定地位、更好收入、更高名誉而奋斗的特征，不会简单地被劳动者同化。而具有这种特性的中产阶级，在阶级斗争中对上下阶级双方都发挥着一定的桥梁和中介作用。[8]

倡导"新中产大众"论的村上泰亮也站在与之相近的立场上，提出了以下主张。

在近代社会，"法律面前人人平等"的理念被固定下来，实现了普选，政治平等化不断推进。但是，这样一来以资本家阶级为中心的上流阶级的优势地位就面临危险，社会有可能变得不安定。而在现实中，社会之所以没有那么不安定，也正是因为有中产阶级的存在。在这里，所谓中产阶级，是指经济相对富裕，在行使政治权利的同时，在行政、企业、地域社会等各方面发挥管理者的作用，接受高等教育并掌握中流文化的人们。而且，根据村上的说法，中产阶级在政治场合，一方面代表工人阶级提出各种倡议，另一方面也会起到缓冲作用。中产阶级作为"勤勉、节约、效率性"等近代价值观的主要承担者，使社会变得更为稳定。[9]

这种主张在现代是极为普遍的，但很少看到著名的作者公开发表，或许是觉得特意在论文、著作中进行大段的上述论述会感到难为情。但是，从某种意义上来说，这其实是战后日本社会的普遍看法，下面的例子也显然证明了这一点。1960年文部省（当时）公布的高等学校学习指导纲要规定，社会科学的一个科目"伦理与社会"中有关"现代社会的特质和文化"的教学任务内容是"中间层的扩大、组织的巨大化、大众交流等涉及群众社会的各种问题"。其中关于中间层的作用应该没有规定如何表述，但是从1964年后，在通过审定并予以采用的教科书中，却有如下记述。[10]

他们（白领阶层）是既不属于资产阶级阵营也不属于无产阶级阵营的中间阶层，所以他们没有阶级偏见，有能对社会问题进行比较公正判断的优点；而且从数量上来说，他们应该拥有相当的社会和政治势力，在现代社会肩负着

重大责任。(检定编号13)

新中产阶级在政治上采取相对稳健的立场,而且成为国民中稳定要素之一这一点也不容忽视。(检定编号12)

恐怕最初提到"新中间层"这个词的时候,教科书的执笔者首先想到的正是他们起着稳健和保守的作用。比较有趣的是某本教科书给学生布置的下列思考题。

我们不久之后也可能成为新中间层的一员。为了这一天,我们也需要认真思考今后的新中间层该如何发展,以及他们为民主社会发展所承担的作用是什么。(检定编号10)

当时日本教职员工会的组织率很高,左翼教师也很多,可能也有教师将学生引导到工人阶级的最前列。

三、作为社会变革旗手的"中流"

(一)"中流"承担着进步的作用

关于"中流"政治作用的另一个主张是,"中流"是社会变革的主要旗手，在政治上起到了进步作用。这种主张从古代开始就有。举个例子，让我们来看看出生于1871年的社会主义者幸德秋水的著作《社会主义精髓（1903年）》。幸德是明治时期在大阪的思想家，他跟随被称为"东洋卢梭"的中江兆民学习，在东京做过一段时间的新闻记者后转入政治活动，于1903年同社会主义者堺利彦一起创办了《平民新闻》，开展了各种各样的活动。但是，1910年6月，他暗杀明治天皇未遂，之后被逮捕并被判处死刑，第二年被处死刑。《社会主义精髓》是日本初期社会主义的代表作，幸德在这里论述如下。

拥有高尚品质，完成伟大事业的优秀人物，既不是从社会最底层也不是从富贵阶级诞生。因为贫穷的人们总是为了衣食而忙碌，只顾着逃避饥饿和寒冷；而富裕的人们只看重体面，成为物欲的奴隶。所以这样的人，不会在贫富两个极端诞生，总是从中产阶级中产生。这些人虽然有资产和财富，但也不至于让人腐败；虽然有劳动的必要，但也不至于达到奔波的程度，他们还是有很多通过学习提升自己能力的机会。而且，社会主义的目的正是把社会的全体都变成这样的中等民族。[11]

据幸德介绍,在《平民新闻》的读者中,学生、小商贩、劳动者最多,也有官吏、公司职员、银行职员以及来自女校、师范学校、警察、军队的人。[12]虽然不知道幸德所谓的劳动者具体是指什么样的人,但应该不是最下层,所以可以认为这些人基本上是中产阶级。

(二)大杉荣关于"中产阶级成为社会新主人"的言论

无独有偶,我们还可以举出从明治到大正期间一直积极活动,于1923年关东大地震时被东京宪兵队的甘粕正彦等人屠杀的无政府主义者大杉荣的例子。大杉于1912年创办杂志《近代思想》并发表相关言论,如下为摘编的论文。

自古以来,人类社会就重复着某种族征服其他种族的行为。征服者为了统治被征服者,把被征服者中有知识的人笼络为同伴,给予他们特权,使他们和征服者团结在一起。因此,现代社会被分为具有征服者特点的资本家阶级和具有被征服者特点的工人阶级。处于二者的中产阶级,和过去被征服者中的合作者一样,成为征服者的帮手和辅助者。

在征服和被征服的长期斗争中,被征服者逐渐麻痹,失去自我成为奴隶,或者走向堕落腐败。而随着奴隶的堕落腐败,征服者自身也走向堕落的边缘。随着征服者和被征服者都在堕落而即将引发社会毁灭的时候,一般会发生革命。这时,相对健全的中产阶级采取主动攻势,要么通过接济被征服者,得到被征服者的援助;要么利用被征服阶级的叛乱,引发革命。这样,中产阶级就成了社会的新主人。人类的历史就是这样的反复。

但是在近代社会,这种征服达到了顶峰,征服者、被征服者,以及中产阶级都无法忍受征服所带来的后果。因为"征服阶级为其过大或异常的发展而苦恼,同时被征服者会因为那种被压迫的窒息感到苦恼。而中产阶级同时遭受了这两个阶级的苦恼。这是近代关于'生'的烦恼的主要原因"。所以,现在我们如果要像无政府主义者那样下结论,就必须对征服本身进行反抗。[13]

大杉虽然没有明确表示,但是其实反抗的中心也是中产阶级。

(三)社会运动和新中产阶级

到了20世纪60年代,出现了很多关于社会变革中心主体的新见解,认为主体已从传统的工人阶级转为新中产阶级。

法国左翼劳动运动的理论领袖塞尔丹·马莱(Serge Mallet)将担任研究、开发、监督等工作的人们称为"新工人阶级"。马莱指出,在现代,这些人的工作部门的重要性越来越强,拥有专业知识和技术的人们的创意和责任越来越重要。尽管如此,组织依然维持着官僚主义结构,以保护特权人士的身份。因此,工资相对较高、其基本需求得到满足的"新工人阶级",对旧的管理方式提出异议,提出自主管理等更高层次的要求,并为此进行斗争。其实就像过去一样,工人运动中的主力军是熟练工人而非业余工人,今后工人运动的主力军也将会是拥有专业知识和技术的"新工人阶级"。

马莱提出如此主张的背景是1968年五月革命的爆发,这是由法国学生和年轻工人发起的社会运动。学生们都拥有丰富的知识,他们可能是"未来从事科学研究的研究者",也可能是"擅长电脑数据处理的数理经济学者",也是未来的"新工人阶级"。就这样,五月革命象征着"学生劳动者同盟"的形成。[14]

而另一些人并不仅仅限于从工人运动的视角去论述新中产阶级的政治作用。社会学家阿兰·图雷纳(Alain Touraine)认为,其作用不仅限于生产领域,而是在信息、教育、消费等社会各个领域都发挥着作用。他进一步指出,现代社会不仅是经济权力在生产领域的社会,同时也是支配、管理个人生活和集体活动各个方面的社会(他称之为"程式社会")。在这里,人们面临的最大问题不是经济剥削,而是被整合并利用到统治机制中,从而被边缘化。"我们是从剥削社会出来又进入了边缘社会。"因此,人们的抵抗不是围绕经济领域的劳动者运动,而是具有政治、文化运动的特点。

那么,谁是这类运动的代表呢?图雷纳认为,这类运动的代表并不是对统治阶级从属度最大的下层人民。由于这些人依然被剥削,他们的要求只限于物质生存条件的问题,无法进行积极的异议申诉。而成为中流砥柱的是拥有较高生活水平和教育水平,或者在劳动市场上拥有更强大地位的人,即知识分子、熟练工人,以及具有更高的地位且担任专业职业人和责任人之间角色的人们(图雷纳称这些人为"对抗精英")。图雷纳把这些人开展的社会运动称为"新的社会运动"。[15]

另外,美国社会学家古德纳(Gouldner)认为新中产阶级承担着解放人类的重要任务。他指出,现代社会是旧阶级和新阶级展开竞争的社会。在这里,旧阶级是指生产手段的法律所有者,即资本家阶级;而新阶级是指基于知识和技术,将生产资料实质上归为自己所有的人,即新中产阶级。新阶级和工人阶级不同,新阶级能自己管理劳动内容和劳动环境,也就是说是有可能实现自主管理的阶级。新阶级还具有"文化批判性"的特点,在学术自由、消费者权利、政治伦理确立、环境保护、女性解放等各个领域,与旧阶级对立。这样的新阶级,因为具有反对歧视和压制的"普遍阶级"性格,所以他们可以成为解放人类任务的重要承担者,是现代社会最进步的力量。新阶级为了对抗旧阶级,会提出福利国家或者社会主义政策,有时也会和工人阶级团结起来。[16]

从战后日本社会运动的历史来看，以上的主张有很多地方是可以接受的。因为新中产阶级的确在其中起到了中心作用。在日本战败后不久进行的民主化过程中，作为白领的多数职员在工会运动中承担着指导作用，缩小了战前职员和工人之间的巨大差距，推进了企业内部民主化。即使改革后差距缩小，自身待遇相对下降，他们也能接受。[17]之后的和平运动、反公害运动、近几年的反核电站运动和反对安保法的运动中，担任中心角色的是具有高学历的新中产阶级，或者说是作为其妻子的全职主妇们。

四、政治意识中的三个集群

现代日本的"中流"意识

1.关于"中流"意识的五个尺度

至今为止，很多人都把"中流"作为法西斯主义的社会基础,并把它作为支持自由主义和稳健保守派的重要力量,甚至认为它是社会变革的旗手。那么,现代日本的"中流"更接近其中的哪一个呢?根据下组数据来看一下。

本文使用的数据是2016年首都圈调查的数据。图5-1到图5-5展示了问卷的设问和回答结果分布。图5-1是关于差距扩大的认识。结果表明,对于选项"和以前相比,日本的贫困层增加了",有18.5%的人回答"非常认同",而47.9%的人回答"基本认同",总体来看大家对于贫困阶层增加的认识是一致的。对于选项"现在日本的收入差距太

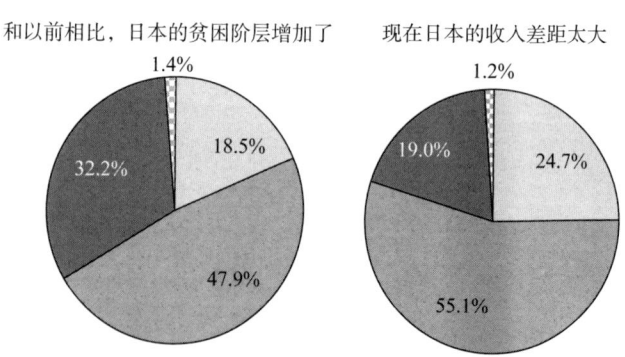

图5-1 关于差距扩大的认识

资料来源:根据2016年首都圈调查的数据计算得出。

大",有24.7%的人回答"非常认同",有55.1%的人回答"基本认同"。也就是说,关于"收入差距很大"的认识已几乎深入所有日本国民的心中。

图5-2是关于是否支持自我责任论的调查。对于选项"贫困的主要原因是自己没有努力",只有5.5%的人选择"非常认同",即认为贫困是自己造成的。就算加上选择"基本认同"的人有33.3%的话,支持贫困自我责任论的也只有不到四成的比例。另外,对于"只要努力,就会变得富裕"的认识,只有4.6%的人选择"非常认同",选择

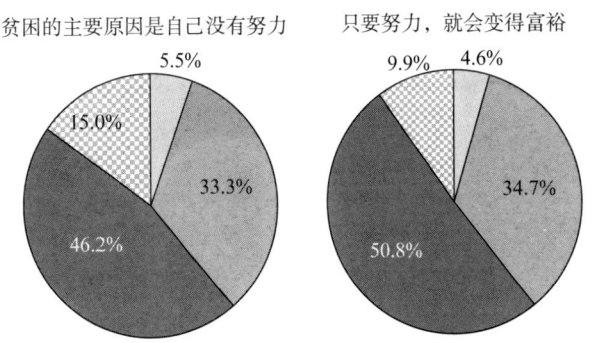

图5-2 是否支持自我责任论

资料来源:根据2016年首都圈调查的数据计算得出。

第五章 作为主体的"中流"

"基本认同"的也仅有34.7%。

图5-3是关于是否支持收入再分配政策(可以缩小差距消除贫困)的调查。对于选项"政府针对富裕人群增税的同时,也要充实贫穷人的福利",有20.6%的人选择"非常认同","基本认同"为42.4%,可以看出还是有很多人支持收入再分配政策的。而对于"不论任何理由,只要是生活困难的人,政府就应该照顾",也就是说包括因为懒惰、浪费等自我原因造成的贫困也需要政府救济的观点,尽管

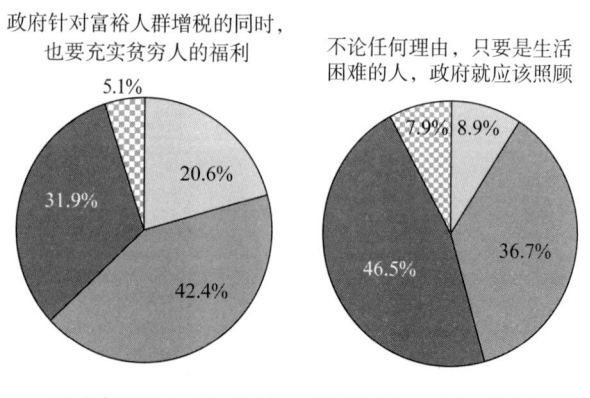

图5-3 是否支持收入再分配政策

资料来源:根据2016年首都圈调查的数据计算得出。

支持的比例较上一项有所减小，选择"非常认同"的只有8.9%，但选择"基本认同"的有36.7%，仍然还有近半数的人支持这一看法。

图5-4是关于日本人排斥外国人，不接受来自中韩两国批判的调查。对于选项"不希望自己居住的地区增加外国人"，有10.8%的人选择"非常认同"，36.8%的人为"基本认同"，即有半数的人不希望在自己生活区域增加外国人。另外，对于选项"中国人、韩国人把日本说得太坏"，有35.8%的人选择"非常认同"，43.3%的人"基本

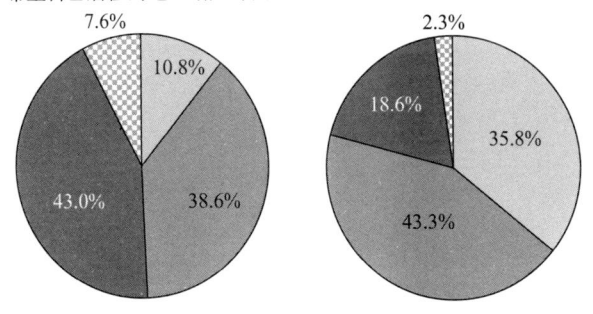

图5-4　日本人排外主义倾向

资料来源：根据2016年首都圈调查的数据计算得出。

认同"，也就是说对于来自中国和韩国的批评，有约八成的日本人内心表示无法接受。认同此观点的日本人比例如此大还是有点出乎意料。

图5-5是关于日本军队与防卫认识的调查。选项和之前有所不同，由三个组成。对于选项"修改日本宪法，自己拥有军队比较好"，有13.9%的人选择"同意"，与选择"不同意"的54.4%相比，可以说支持派为少数派。但也有31.8%的人选择了"不好说"，如果把这部分看成是"考虑修宪"的群体，选择赞成与考虑修宪的人总数也将近有半

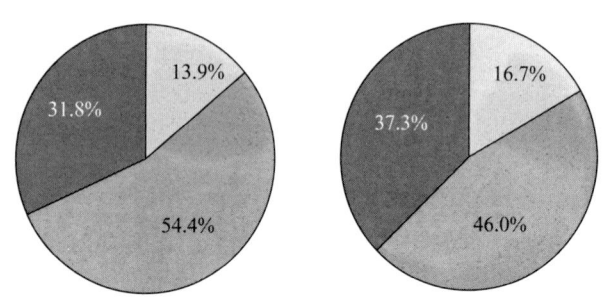

图5-5 关于修改宪法九条与美军基地的认识

资料来源：根据2016年首都圈调查数据计算得出。

数之多。对于选项"美军基地设在冲绳也没有办法",有16.7%持同意态度,尽管属于少数派,但也有37.3%的人选择了"不好说",还有46.0%的人选择"不同意",由此可见人们对此的态度各自参半。

这5个图中设问共有10道,在此做如下分析。各图下方都有两个问题,由于设问目的一致,因此将其合并后进行计算。比如图5-1中的两个问题,如果对于两个问题的回答都是"完全不认同",就为0分;如果两个问题都是"非常认同",就是6分。从图5-2到图5-4都是同样的处理方法。图5-5的两个问题各有三个选项。如果两个问题都选择"不认同",计0分;如果都选择"认同",计4分。

上述衡量的指标,可以分别被称为"差距扩大认识""自我责任论""再分配支持""排外主义""重视军备"。其中"再分配支持""排外主义""重视军备"这三项可以说是直接反映了人们的政治意识。但其实,"差距扩大认识"和"自我责任论"这两项也是政治意识的一部分。之所以这么说,是因为如果人们认识到差距正在扩大,支持再分配的可能性就会提高;如果被调查者支持自我责任论,那么关于政治态度的那些设问就不需要介入差距问题了。从这个意义上来说,五个意识指标可以说在调查人们对差距问题看法的同时,也对政治意识进行了调查。

表5-1从四个阶级的角度统计了各自的平均分。[18]关于"差距扩大认识"的整体平均分是3.85分。最高的是工人阶级,为3.98分;最低的是资本家阶级,为3.56分。也就是说,富裕阶级并不承认差距扩大的事实,而贫穷阶级切实感受到了差距的扩大,这其实也是一个比较容易理解的结果。旧中产阶级的得分为3.89分,很接近工人阶级;而新中产阶级为3.75分,处于相对中间的位置。

关于"自我责任论"的全体平均分是2.66分,最高的是资本家阶级,为2.98分,而最低的是工人阶级,为2.63分。富裕阶级认为富裕生活是靠自己的努力所得的,而贫穷阶级不会认同这一点,他们并不认为贫困是自己的责任,这也是比较容易理解的结果。新中产阶级为2.64分,旧中产阶级为2.70分,无论哪一种都接近工人阶级。关于"再分配支持"的全体平均分为3.23分。最高的是工人阶级,为3.44分;最低的是资本家阶级,为2.92分。从这里可以看出,新中产阶级和旧中产阶级的区别较大,新中产阶级为2.99分,很接近资本家阶级;而旧中产阶级为3.39分,非常接近工人阶级。

"排外主义"的全体平均分是3.69分。最高的是资本家阶级,为3.74分;最低的是旧中产阶级,为3.56分。尽管阶级很不相同,但是对此的认识却差别不大。

关于"重视军备"的全体平均分是1.34分。最高的是旧中产阶级,为1.56分;最低的是工人阶级,为1.29分。新中产阶级是1.36分,和1.37分的资本家阶级一起处于相对中间的位置。

表5-1 各阶级的政治意识

阶级	差距扩大认识	自我责任论	支持收入再分配政策	排外主义	重视军备
资本家阶级	3.56	2.98	2.92	3.74	1.37
新中产阶级	3.75	2.64	2.99	3.68	1.36
工人阶级	3.98	2.63	3.44	3.72	1.29
旧中产阶级	3.89	2.70	3.39	3.56	1.56

第五章 作为主体的"中流"

续表

阶级	差距扩大认识	自我责任论	支持收入再分配政策	排外主义	重视军备
全体平均分	3.85	2.66	3.23	3.69	1.34

资料来源：根据2016年首都圈调查的数据计算所得。

注：表中的数字是将图5-1到图5-5的提问回答评分化的结果。"差距扩大认识""自我责任论""支持收入再分配政策""排外主义"满分6分，"重视军备"满分4分。

2. "中流"的三个集群

测量人们意识的指标有五个，但是在这五个指标中，有支持"自我责任论"而不支持"收入再分配"的情况，支持"排外主义"也支持"重视军备"的情况也存在，都是互相关联的。因此，比起一个一个地统计，将五个指标放在一起，把人们的意识倾向分成几个很相似的小组，更容易把握整体倾向。

这样的分析经常使用的统计学手法是集群分析。集群是指"群"的意思，也用于指花、水果的"房"、星星聚集的"星群"等。集群分析是将倾向相似的回答者看作一个整体的集群,将更加相似的集群进行整合,最终将其总结成十个左右的集群,经常被用于市场营销领域的消费者分类。利用上述五个指标对回答者进行分组的结果表明,回答者可以被分为三个小组。表5-2按照上述五个指标的平均分以及政党的支持率,以集群的方式呈现。

表5-2 三个集群的政治意识

项目	集群1（新自由主义右翼）	集群2（稳健保守派）	集群3（自由主义派）	全体（%）
占全体比例	10.2%	38.9%	50.9%	100.0
差距扩大认识	3.41	3.52	4.19	3.85
自我责任论	3.30	2.81	2.48	2.69
支持收入再分配政策	2.46	3.04	3.56	3.25
排外主义	4.33	3.61	3.60	3.68
重视军备	3.60	1.98	0.41	1.34
自民党支持率	63.2%	32.4%	15.2%	26.9%
其他政党支持	3.7%	10.6%	14.9%	12.1%
无支持政党	33.1%	56.9%	69.9%	61.0%

续表

项目	集群1 （新自由主义右翼）	集群2 （稳健保守派）	集群3 （自由主义派）	全体（%）
合计	100.0%	100.0%	100.0%	100.0%

资料来源：根据2016年首都圈调查的数据计算所得。

注："差距扩大认识""自我责任论""支持收入再分配政策"以及"排外主义"是满分6分，"重视军备"是满分4分。在集群分析中，所有的得分都是从0转换到1，根据欧几里得平方距离的组内平均连接法算出。

第一个集群其实很有个性，尽管他们在全体中的占比为10.2%，相对较少，但是有着强烈支持"自我责任论"的倾向，支持收入再分配政策的倾向非常弱，关于排外主义以及重视军备的倾向很强。如果看具体数字，对于"贫困的主要原因是不够努力"的认识，选择"非常认同"以及"基本认同"（二者合计）为64.5%；对于"不论任何理由，只要是生活困难的人，政府就应该照顾"的认识（二者合计）只有20.1%；认为"中国人、韩国人把日本人说得太坏了"有92.9%；对于"修改日本宪法，自己拥有军队比较好"的认同率有75.1%；对于"美军基地设在冲绳也没办法"的认同率高达85.2%；关于自民党的支持率高达63.2%。

  第二个集群占全体比例是38.9%。对差距扩大的认识与第一个集群基本相同，但是支持自我责任论和拒绝收入再分配的倾向并不像第一个集群那么强烈。排外主义倾向很弱，重视军备的倾向也不太强。就具体数字而言，对于"修改日本宪法，拥有军队比较好"回答"基本认同"的人只有16.3%；但回答"不认同"的也只有25.6%；"不好说"占比较多，为58.1%。对于"美军基地设在冲绳也没有办法"也呈同样倾向，"基本认同""不认同"分别为21.6%与14.8%，占比较少；而选择"不好说"的占63.7%。虽然自民党的支持率是32.4%，但是其他政党的支持率却只有10.6%，可以说该集群支持自民党的倾向还是很强的。

  第三个集群占整体比例为50.9%，属于最大集群。他们认为差距正在扩大，支持自我责任论的倾向很弱，支持收入再分配政策的倾向很强。同时排外主义的倾向较弱，重视军备的倾向极弱。从具体数字来看，认为"现在日本的收入差距太大"的比例为88.0%，认为"贫困是因为没有努力"的人只有34.9%。认为"政府针对富裕人群增税的同时，也要充实贫穷人的福利"的人达到72.6%；认为"不论任何理由，只要是生活困难的人，政府就应该照顾"的人也达到54.5%，超过半数。而且，对于"修改日本宪法，自己拥有军队比较好"支持的人有85.2%。对于"美军基地设在冲绳也没有办法"，76.7%的人回答"不认同"。自民党支持率虽然仅有15.2%，但其他政党的支持率也很低，只有14.9%，属于无党派人士。

让我们基于新中产阶级政治立场三个假设的同时，思考一下三个集群的命名。

第一个集群，在排外主义和重视军备这一点上可以说接近法西斯主义；但是把贫困视为自己的责任，反对政府的收入再分配这一点上与法西斯主义立场不同，更偏向于新自由主义的立场。但是从少数派采取极端政治立场的角度看，似乎应该有一个很"强硬"的名字予以对应，合适的应该是"新自由主义右翼"。

第二个集群，自民党色彩强烈，虽然不积极支持宪法修正后让日本拥有军队以及让美军基地设在冲绳，但对这两点仍然属于容忍的态度。另外，自我责任论的倾向不强，也在一定程度上支持收入再分配政策，排外主义倾向与第三个集群一样弱,可以称为"稳健保守派"。

第三个集群认为现在的日本贫富差距正在扩大,拒绝自我责任论,支持收入再分配政策的倾向很强。而且他们排外主义倾向很弱,强烈拒绝修改宪法和美军基地设在冲绳。但是,因为是占全体半数的大团体,所以不适合以社会变革为目标且带有强烈语气的名字命名,比较适合的名字应该是"自由主义派"。

通过集群分析,我们可以提取出更接近有关新中产阶级的三个假设的三个组别。表5-3显示了四个阶级的人分别被归类到相应集群的百分比。因为构成比的男女差别很大,所以该表也显示了男女差别。"新自由主义右翼"中,旧中产阶级最多(15.8%),工人阶级较少(7.3%)。资本家阶级和新中产阶级以13%左右的比例并列。但是按照男女分类统计来看,男性明显更多,男性整体达到14.6%,新旧中产阶级达到20%左右。与此相对,女性整体较少,特别是新中产阶级仅有4.0%。

"稳健保守派"组中没有太大的阶级差别,最多的是工人阶级,占40.8%;其他的占38%左右。按男女分类统计,男性稍多（男性41.8%，女性31.5%），只有在旧中产阶级中女性多于男性（男性35.9%，女性41.7%）。"自由主义派"阶级中，工人阶级最多（52.0%），旧中产阶级最少（46.5%），资本家阶级和新中产阶级约49%前后并列。但是男女差别很大，男性整体占比只不过是43.7%，而女性则接近59.4%，将近六成。有着鲜明特征的是新中产阶级男性，占39.6%，小四成比例。同时，旧中产阶级也减少了四成半左右。

表5-3 各阶级的集群构成

阶级		新自由主义右翼	稳健保守派	自由主义派	合计
男女合计	资本家阶级	12.9%	37.6%	49.5%	100.0%
	新中产阶级	13.3%	38.3%	48.4%	100.0%
	工人阶级	7.3%	40.8%	52.0%	100.0%
	旧中产阶级	15.8%	37.7%	46.5%	100.0%
	整体	10.9%	39.3%	49.8%	100.0%
男性	资本家阶级	15.4%	40.0%	44.6%	100.0%
	新中产阶级	19.0%	41.4%	39.6%	100.0%
	工人阶级	8.5%	43.9%	47.6%	100.0%
	旧中产阶级	20.5%	35.9%	43.6%	100.0%
	整体	14.6%	41.8%	43.7%	100.0%

续表

阶级		新自由主义右翼	稳健保守派	自由主义派	合计
女性	资本家阶级	7.1%	32.1%	60.7%	100.0%
	新中产阶级	4.0%	33.3%	62.6%	100.0%
	工人阶级	5.7%	36.7%	57.6%	100.0%
	旧中产阶级	5.6%	41.7%	52.8%	100.0%
	整体	5.1%	35.5%	59.4%	100.0%

资料来源：根据2016年首都圈调查的数据计算得出。

五、"中流"的三种类型

（一）现代日本"中流"的政治意识

接下来，我们看一下"中流"的政治意识。正如上文所示，性别是影响政治意识的一个重要因素。性别不同，政治意识差异也很大。因此这部分不适合用与第四章一样的夫妇组合分析法，要以个人为单位进行分析，而且也不能无视全职主妇和兼职主妇。但是正因为是在首都圈进行的调查，旧中产阶级的比例本身就很小，所以没有太多关于有旧中产阶级丈夫的兼职主妇和全职主妇的数据。另外，和2015年的SSM调查不同，这次的调查对象的年龄到69岁为止，所以关于退休者的回答非常少。因此，下文将以新中产阶级或旧中产阶级的在职人员以及有新中产阶级丈夫的兼职主妇和全职主妇为分析对象。

表5-4为三个集群的基本属性。因为分析对象仅限于"中流"，所以分别将其命名为"中流右翼""中流保守派""中流自由主义派"，所占的比例分别是12.3%、38.3%和49.3%。

在女性中"中流右翼"的比例明显偏低，占比15.4%，也就是说处于"中流"水平的女性很难成为右翼分子。最高的是"中流自由主义派"，55.8%为女性。平均年龄没有太大差别，"中流右翼"比其他组群稍高。大学毕业生比例有一定差距，"中流右翼"高达87.9%；"中流保守派"为76.2%；"中流自由主义派"略低，为76%。平均家庭年收入中，"中流右翼"略高，为928万日元。虽然没有太大差别，但是无论从学历、职位哪一个角度来看，"中流右翼"在阶层上都是稍高一点的人居多。

表5-4 三个"中流"集群的属性比较

项目	中流右翼	中流保守派	中流自由主义派
占"中流"整体的比例	12.3%	38.3%	49.3%
女性	15.4%	43.1%	55.8%
平均年龄	47.2岁	46.0岁	46.2岁
大学毕业生	87.9%	76.2%	76.0%
平均家庭年收入	928万日元	895万日元	886万日元
男性平均BMI（身体质量指数）	23.7	23.2	22.9

资料来源：根据2016年首都圈调查的数据计算得出。
注："大学毕业生"包括短期大学以及高职院校。

表5-5 三个"中流"集群的支持政党

政治倾向	中流右翼	中流保守派	中流自由主义派
自民党	60.2%	33.2%	10.5%
其他政党	3.4%	8.8%	13.6%
无支持政党	36.4%	58.0%	75.9%
合计	100.0%	100.0%	100.0%

资料来源：根据2016年首都圈调查的数据计算得出。

表5-6 三个"中流"集群的政治意识

项目	中流右翼	中流保守派	中流自由主义派
①现在日本的收入差距太大	59.3%	67.5%	84.9%
②贫困的主要原因是自身没努力	67.0%	44.9%	31.6%
③政府针对富裕人群增税的同时,也要充实贫穷人的福利	36.3%	50.9%	71.7%
④中国人、韩国人把日本人说得太坏	65.9%	39.2%	28.6%
⑤修改日本宪法,拥有军队比较好	79.1%	12.7%	1.1%
⑥美军基地设在冲绳也没有办法	84.6%	23.3%	1.4%
⑦对共产党反感的比例	76.4%	46.2%	24.5%
⑧对安倍晋三有好感的比例	68.5%	41.2%	18.7%
⑨政府对经济的干预尽量越少越好	56.2%	30.3%	24.3%
⑩日本应把核电站数量控制在零	25.3%	27.5%	49.0%

续表

项目	中流右翼	中流保守派	中流自由主义派
⑪战争是人类的本能,所以不可能消灭	48.4%	26.2%	13.8%
⑫同性恋不是一件好事	63.7%	57.2%	45.1%

资料来源：根据2016年首都圈调查的数据计算得出。

注：①~③是"非常认同""基本认同"的合计。④是"非常认同"的比例。⑤和⑥是"同意"的比例。⑦是"总的说来有反感""有反感"的合计。⑧是"有好感""硬要说的话是有好感"的合计。⑨~⑪是"同意"的比例。⑫是"同意""要说起来就是这么想的"的合计。

令人意外的是男性的体型。从男性BMI（身体质量指数，即体重除以身高的平方）的平均值来看，"中流右翼"高达23.7，"中流自由主义派"低至22.9。这两者之间具有显著差异，经检验差异的显著性水平均为6%。另外，BMI是25（肥胖标准数值）以上的人中，"中流右翼"占23.3%，"中流保守派"占16.0%，"中流自由主义派"占14.0%；如果进行卡方检验，"中流右翼"和其他两个集群同样具有显著差异，显著性水平为5%（女性没有这样的区别）。表5-5显示的是三个群体支持的政党。"中流右翼"对于自民党的支持以60.2%的绝对性优势占多数。"中流保守派"对自民党的支持率为33.2%，对其他政党的支持率仅为8.8%。"中流自由主义派"中的自民党支持率仅为15.5%，其他政党的支持率也仅为13.6%，75.9%的人无支持政党；对于自民党以外的支持率，民进党（调查时）为7.2%，共产党仅为3.3%。

表5-6是三个"中流"集群的政治意识。从广义上讲，三个集群关于政治意识的回答差异较大。

（二）不承认贫富差距扩大的"中流右翼"

"中流右翼"倾向于不承认日本的贫富差距很大。即使有贫困的人，他们将其归为自身责任，支持收入再分配政策的也仅有三分之一。对于"中国人、韩国人把日本说得太坏了"的选项，选择"非常认同"的人占到三分之二。对于"修改日本宪法，拥有军队比较好"几乎有八成的人赞成，同意继续维持在冲绳的美军基地。"中流右翼"中每4人有3人以上对共产党持有反感，近七成的人对前首相安倍晋三有好感。在经济方面,"中流力量"对政府的干预持消极态度,加之有自我责任论的倾向,新自由主义倾向较强。他们对于把核电站数量归零持消极态度,而且约半数的人认为战争是出于人类的本能,几乎每3人中就有2人不喜欢同性恋。此外,⑪和⑫设问项是德国社会学家西奥多·阿多诺(Theodor Adorno)[①]进行有关权力主义人格和法西斯主义研究时使过的部分设问项。

(三)对同性恋宽容的"中流自由主义派"

与此相对,"中流自由主义派"认为日本的贫富差距太大了。认为贫困是自己责任的人仅占三成左右,七成以上的人支持收入再分配政策。对于"中国人、韩国人把日本说得太坏了",选择"非常认同"的人仅有三成不到。对于"修改日本宪法,自己拥有军队比较好""美军基地集

[①] 阿多诺与其合作者共同编著心理学代表作《权力主义人格》,书中认为权力主义是某些人格成分的核心,具有这种人格的人更多地关心权力,包括本身行使的权力和服从上司的权力。——译者注

中在冲绳也没办法"几乎没有人赞同，与"中流右翼"形成鲜明对比。对共产党有反感的人4个人中只有1个人，所谓的"共产党过敏"倾向很弱。约半数的人赞成零核电政策，支持战争是人类本能这一观点的人只有一成多，对同性恋也相当宽容。

（四）处于"中流右翼"和"中流自由主义派"中间的"中流保守派"

"中流保守派"是处于"中流右翼"和"中流自由主义派"两者中间的一个派别。从图表的数据来看，他们对于修宪和冲绳基地的态度与"中流自由主义派"似乎很接近，但实际上对于这两个认识分别有59.0%和64.0%的人回答"不好说"。这个比例在"中流自由主义派"中只有12.1%和22.3%，所以二者明显不同。对于大部分设问的回答如前文命名所示，可以说是中间态度较多。具体来看，他们对于"贫困的主要原因是自身没努力"和"政府对经济的干预越少越好"的选择态度接近"中流自由主义派"，而对于"政府针对富裕人群增税的同时，也要充实贫穷人的福利"和"日本应把核电站数量控制在零"的认识态度接近于"中流右翼"。

（五）居高临下的"中流右翼"

表5-7是三个集群关于阶层意识的结果。在认为自己"比普通人好"的人中，"中流右翼"占比最高，占56.3%；"中流自由主义派"较低，为34.7%；"中流保守派"为46.2%，处于中间位置。如表5-4所示，虽然"中流右翼"的学历、家庭年收入都略高，但与"中流保守派""中流自由主义派"相比并没有太大区别。从这个意义上来说，"中流右翼"倾向于认为自己的阶层地位高于现实。认为自己富裕人的比例，以及认为自己属于富裕阶层的人的比例，"中流右翼"占比最高，满足于现有生活的比例也一样。与此相对，认为自己是工人阶级的比例在"中流自由主义派"中最高，"中流右翼"和"中流保守派"都很低。把自己看作工人阶级的倾向似乎是和自由主义的政治立场联系在一起的。

表5-7 三个"中流"的阶层意识

项目	中流右翼	中流保守派	中流自由主义派
认为自己"比普通人好"的比例	56.3%	46.2%	34.7%
认为自己生活富裕的比例	39.6%	36.7%	21.8%
认为自己属于富裕层的比例	20.5%	17.8%	10.3%
认为自己是工人阶级的比例	28.7%	30.7%	45.9%
对生活现状满足的比例	68.1%	63.6%	54.1%

资料来源：根据2016年首都圈调查的数据计算而得。

注：认为自己"比普通人好"的人的比例是"上层""中上层"的合计。"满足生活的人的比例"是"满足"与"基本满足"的合计。

综上所述，"中流右翼""中流保守派""中流自由主义派"有着"中流"共同的特点，从学历和收入来看也没有太大差别，但是其政治立场和意识形态大不相同。"中流右翼"不承认日本贫富差距很大，认为贫困为自己的问题，不支持收入再分配政策。他们主张排外主义，支持通过修宪拥有军队，同意继续维持在冲绳的美军基地。他们支持新自由主义经济政策，支持核电站的建立，同时认为战争是人类的本能，反对同性恋。这个群体的阶层意识远离现实，倾向于俯视社会。

（六）政治无力的"中流自由主义派"

相反，"中流自由主义派"直视贫富差距变大的社会现实，不赞成自我责任论，支持收入再分配以缩小社会差距。这个集群的排外主义倾向较弱，支持和平宪法，反对美军基地设在冲绳。他们认为经济发展需要政府的一定干预，支持零核电政策。拒绝承认战争是人类的本能，对同性恋也比较宽容。而且，如果自己是工人阶级，从阶层上认为自己不是上层，表现出对生活现状不满足的倾向。

"中流保守派"在政治立场和意识形态上正好处于"中流右翼"和"中流自由主义派"的中间位置。但是在政党支持方面，并没有表现出"中间派"的特点。这个集群中近六成虽然没有支持的政党，但是对于自民党的支持率是33.2%，对其他政党的支持率却只有8.8%，带有很强的自民党色彩。从对收入再分配政策不积极支持以及支持修宪拥有军队的态度来看，恐怕他们中有很多人其实投了自民党的票。

"中流右翼"虽然比例很小，却是自民党坚定不移的支持基础。无支持政党的人仅占36.4%，反之有60.2%的人支持自民党。恐怕大多数人都是通过投票对自民党进行了支持。因此，从规模来看，"中流右翼"是自民党不折不扣的支持者。与此相对，"中流自由主义派"的政治立场是自由主义，75.9%的人没有支持的政党，对自民党以外的政党支持率也只有13.6%。其中相当一部分原因是没有值得投票的政党而弃权的。如果是这样的话，占据"中流"半数的"中流自由主义派"其实在政治上也是一种无力的存在。如果不改变这种状况，就很难改变贫富差距的扩大和贫困阶层增大这一趋势。这就是日本的现实。

第六章

如何让『中流』再生

一、"一亿总中流"的成立与崩坏

日本人为何认为自己属于"中流"

日本人相信的确存在过"一亿总中流"的时代。当然,这个时代也存在相当大的社会差距。但是大多数人如果被问到所属社会阶层,都会回答自己属于"中层"。当时的民众对于"日本人的九成是中流"这种说法深信不疑。

为何会形成这样的局面?根据第一章至第三章的分析,主要有以下理由。

首先,提问方式会诱导人们回答自己属于"中层"。毕竟人们对自己在社会中究竟处于"上层""中层"还是"下层",没有明确认识。如果被问到属于哪一个阶层,无法明确作答的人比较多。但是,如果一定要从中选择一个,一般人会使用排除法,去掉"上层"和"下层",选择"中层"。而且在关于"一亿总中流"的舆论调查中,关于"上层"和"下层"的设问只有一个选项，而关于"中层"的选项又被分为"中上层""中中层"和"中下层"三种类型。将这三种"中层"合计计数的话，得出选择"中层"最多的结果也理所应当。因此，上述设问即使不在日本，放在任何一个国家询问，都会得出选"中层"的人占90%比例的结论。

其次，日本在被称为"一亿总中流"的20世纪70年代后期，经济高速增长持续十几年之后，实际社会差距变小了。大部分人的收入随着经济高速增长而增加，生活水平达到了过去的"中流"水平。因此，即使说日本社会是"一亿总中流"，也毫无疑问。

再次，人们其实不知道自己的生活水平在整个社会中处于何种位置。因为生活变化很大，所以和平时不见面、学历和职业都不同的人相比，无法判断自己的生活水平是高还是低。富人不知道自己比别人富裕，穷人不知道自己比别人贫穷。因此，很多人即使被人说"你处于'中层'"，也不会有任何疑问。

于是，人们大多把成为"中流"作为人生理想。与古希腊哲学家、鲁滨孙·克鲁索的父亲以及日本近代的思想家一样，人们认为"中"就是好的状态，大部分人处于"中间"位置的社会就是好的社会。因此，"一亿总中流"成为大多数人为之奋斗的目标，也被大家欣然接受和认同。

但是在那之后，经济差距持续扩大，进入21世纪后，贫富差距扩大、贫困阶层人数增多这样的事实已无法被继续掩盖。于是，人们开始正确认识自己究竟处于社会中的何种位置。富裕的人很清楚地意识到自己的富裕，而贫穷的人也知道自己处于贫困阶层。在这样的发展背景下，人们不再相信"总中流"论。既然人们对贫富差距的认识和意识发生了很大的变化，在差距扩大的现实面前，再让人们去相信"自己属于中流"几乎不可能。对于大多数人来说，"中流"是理想的状况，能够相信"自己属于中流"的社会只能是理想的社会。但是，如果不改变贫富差距扩大的现状，也就是说不缩小差距、消除贫困，就不可能实现这样的理想社会。

二、"中流"再生与新"总中流"社会实现的条件

如何缩小阶级差距

大多数人能实际感受到自己属于"中流"的社会被称为新"总中流"社会。那么这是一个什么样的社会?为了实现这个社会,究竟怎样做才好?

有的人说消除阶级就可以实现,可这也不是现实的答案。没有阶级的社会是共产主义理想。马克思和恩格斯认为,阶级是从私有制的产生中形成的,没有阶级的社会是共产主义社会。在共产主义社会中,私有制会被废除,他们对于共产主义社会的生活如下描写。

在共产主义社会,每个人没有固定的活动范围,可以在任何自己喜欢的部门施展自己的才能,社会对生产整体进行管理。也就是说,我可以今天选择干这个,明天选择干另外的事情,如早上狩猎、中午捕鱼、傍晚照顾家畜,晚餐后还可以做批判家的工作,而不必非要成为猎人、渔夫、牧夫和批判家才可以实现。[1]

这其实正是鲁滨孙·克鲁索的生活[2],是"中流"的理想生活。不过,鲁滨孙所做的并不是批判而是有一种宗教性的思考,但与批判也没太大区别。但是,看起来理所应当的事情,实现起来却几乎不可能。原本在近代产业发展中,每个人以专业分工的形式工作,人们在各自的分工领域就业,从事的职业几乎固定化。也正因为此,人们才可以发挥自己的专业和多年积攒的经验。新中产阶级从事的很多专业岗位,正是在这种专业分工的前提下诞生的。

对于很多人来说,拥有自己的工作场所和商店,甚至拥有公司是重要的目标和梦想。因为这样可以按照自己的方式和判断进行工作,有着打工族没有的乐趣和价值。如果否定这样的工作方式,对社会也不能说是好的路径。因此,废除私有制分工好像也不太可取。从这个意义上来说,不论是新中产阶级还是旧中产阶级,分工和私人所有都是"中流"的一大前提。"中流"也正是因为有分工和私人所有才能成立。

那么,所有的人都可以成为新中产阶级或旧中产阶级吗?显然也是不可能的。中小型个人企业不可能承担近代产业的骨干产业，如钢铁、汽车和电子零部件等。旧中产阶级能与大企业对等竞争的，也只限于精密加工、工艺品制造、零售业、服务业和部分农林渔业。而且新中产阶级的存在也是以上面有资本家阶级，下面有工人阶级为前提的。如果所有人都是新中产阶级，资本主义经济不可能建立。另外，只要是一定程度以上的规模组织，就不可能避免有金字塔式的等级制度结构以及主要权力的部分集中。

但是，扩大旧中产阶级的规模以及新中产阶级的范围还是可能的。另外，还可以缩小新旧中产阶级和其他阶级之间的差距。这样的话，与今天相比会有更多的人成为"中流"，或者切实感受到自身属于"中流"。具体分两个方面考虑。

1.扩大"中流"的范围

在现代日本，旧中产阶级的减少较为突出，如图2-3所示，旧中产阶级的比例仅为11.8%，共约751万人，而且其中包含了相当多的个体劳动者。

内阁府2019年的调查显示，虽然就业形态显示的是个体经营者的情况，但事实上既没有实际店铺，也没有雇用员工的情况，在建筑业达到了40.4万人，批发零售业有21万人，共计达到了200.3万人。[3]这其中也包括学术研究、专业技术服务业、信息通信业等专业性较高的从业者。大部分从事销售、服务业与体力劳动，非正式职工较多。从这点来看，实际上旧中产阶级已经在大幅度减少，估计仅有10%，和1992年相比其实都不到一半。

由于个体经营者的减少，社会失去的东西也开始增多。地方商业街的店铺相继停业，购物开始变得不方便。便捷又价格便宜的小电器店、施工人员等也都逐渐消失了。还有实惠可口、具有季节特点的手工料理店也在消失。与此同时，农田被遗弃，自然景观被破坏的现象可谓层出不穷。事实上，多样化个体经营者的存在对于丰富我们的生活有着重要意义。个体经营部门，具有超越经济效率以及缓和大资本带来巨大压力的社会意义。加大对个体营业者的援助，以及帮助工人阶级自主地向旧中产阶级流动，对整个社会的发展有着积极作用。因此，我们至少可以通过减缓旧中产阶级减少的方式来扩大"中流"的范围。

对于新中产阶级，我们首先希望缩短其劳动时间。长久以来，日本人的拼命加班已成为常态，缩短劳动时间的进程非常缓慢。尽管从统计数据上看劳动时间是缩短了，但实际上其中很大一部分的劳动时间是由非正式职工的增加所填补的，真正劳动时间的多少很难正确把握。如果能真的缩短劳动时间，也会有更多的人加入新中产阶级的队伍工作。当然，这也是有限度的。接下来可以考虑的是，从资本家阶级到新中产阶级，从新中产阶级到工人阶级的权限下放。如图2-4所示，新中产阶级即使在现在，也不是按照自己自由决定的工作方式去工作的，能力和经验也没有完全发挥。在这样的情况下，很难说他们完全调动了工作热情。另一方面，工人阶级更为不自由，处于一种无法从"被边缘的劳动"脱离出来的境况。也正因如此，工人阶级才想升职为管理人员，同时希望子女通过上大学可以晋升为新中产阶级。其实，还可以有别的改善途径，如熊泽诚指出的那样，尝试"改善工人整体的工作条件"，同时加强对工人阶级工作方式和劳动条件的改善，制止劳动简单化，推进能力开发。

2.尽可能保持"中流"的生活水平

如上文所述,我们不可能把所有人都变为中产阶级。但是,我们可以尽可能让所有人保持"中流"的生活水平。方法有很多,例如,消除正式职工和非正式职工的工资差距,实现平等待遇原则。同样,男性和女性之间、大学毕业生和非大学毕业生之间也有必要实现平等待遇,还可以通过大幅提高最低工资来实现收入的增加。如果工资差距缩小,与现状相比收入再分配的必要性就会变小。但是,考虑到股东和部分经营者获得巨额收入的现状,还是有必要进行收入再分配。提高所得税的累进制,通过引入资产税和加大继承税的税率来提高富裕阶层的实际税率等都是有效的做法。

其次,社会保障的作用也很大。正如第四章所看到的那样,新中产阶级的相当一部分随着退休而从"中流"的生活水准中滑落下来。旧中产阶级同样在退休后,大半都无法维持"中流"生活水准。退休后工人阶级的生活更是困难。生活困难的个人和家庭,可以申请最低生活保障补助,但是仍然有很多未被最低生活保障体系覆盖的人群。

最低生活保障补助的使用率（处于贫困状态的人中，可以享受最低生活保障补助的人的比例）仅有20%左右，处于较低水平。当然原因有很多，有行政效率的低下，也有来自周围人对领取最低生活保障补助人的看法等。但最大的原因，还是领取该补助的条件过于苛刻，需要满足不能有一个月以上存款的条件。

现在的日本，由于存款减少开始缩衣节食的人增多，由于各种各样的原因满足领取最低生活保障补助条件的人也增多了。在领取最低生活保障补助的人群中，以"存款减少及没有存款"为理由申请该补助的家庭在1997年只有854个，到2016年平均每月增加到5629个家庭。以这个理由申请最低生活保障补助的人所占比例远超以"伤病""工作收入减少及失业"等其他理由申请补助的人所占比例，位居第一位，占全体比例的35.5%。顺便说一下，在英国，如果有16 000英镑（约220万日元）以上的存款就无法申请政府低保，但收入如果在8000英镑以上16 000英镑以下，可以享受减额的低保福利。而收入如果不足8000英镑，可以申请全额低保福利。[4]

在日本，我们同样应该构建即使有100万日元左右的存款，也可以申领生活保护的制度体系。先来估算一下财源。根据野村综合研究所的推算，2017年日本家庭资产总额为1539兆日元，但是分布明显呈现不均衡特点。其中拥有5亿日元以上的8.4万个家庭为超富裕阶层，其家庭资产总额为84兆日元；拥有1亿日元以上的118.3万个家庭为富裕阶层，其家庭资产总额为215兆日元；而拥有5000万日元以上的322.2万个家庭为准富裕阶层，其家庭资产总额为247兆日元。[5]合计共有448.9万个家庭，仅占全体家庭数量8.4%的家庭拥有的金融资产总额却高达546.0兆日元，占资产总额的35.5%。根据此假设，如果对收入超过5000万日元的家庭加征1%的税，进而对于超过1亿日元的部分家庭再加征1%的税，那么税收基数为493.9兆日元，税收则为4.94兆日元。现在最低生活保障补助总额为3.8兆日元，如果扩大生活保护范围，新领取补助的家庭也有不用全额领取的情况。照此推算，最低生活保障补助受众家庭达到目前的2~3倍其实也没太大关系。

如果引入上述制度，实际上支付资产税的基本为12个家庭中的1个，也可以成为富裕税。平均一个家庭的税额，超富裕阶层为1850万日元，富裕阶层为214万日元，准富裕阶层为27万日元。占支付家庭近7成比例的准富裕阶层的负担，大多低于固定资产税。也许有人认为，晚年的储蓄还要再被征税是一件残酷的事情。但是，在金融厅的估算中，只要有2000万日元的储蓄再加上养老金，就已足够应对晚年生活；如果有5000万日元的存款，生活可以过得相当好。对于旧中产阶级中仅领取一份基本养老金的情况要另当别论，但即使如此，只要有5000万日元的存款都可以安度晚年。

三、如今"中流"的使命

（一）实现"中流保守派"与"中流自由主义派"的合作

那么，为了使"中流"能够再生以及新"总中流"社会得以实现,现在身为"中流"的人们应该做些什么呢?

需要明确的是,"中流"的内部绝对不是铁板一块,对于差距问题的意识调查表明,如今"中流"的内部已明显呈分裂状态。例如,"中流右翼""中流自由主义派"二者的想法也完全不同。

"中流右翼"并不承认差距扩大的事实,认为贫困是自己的错,这种自我责任论的倾向很强,所以也不会赞同实现新"总中流"社会的目标。他们是阶级社会中的居民,满足于自己在阶级社会中处于相对上层的地位。因此,如果只是呼吁,可以说是徒劳的。

而"中流自由主义派"明确认识到了差距扩大的事实,也认为差距扩大是问题,支持收入再分配政策。他们并不认同排外主义,对少数派表示理解;而且明确反对通过宪令使日本拥有军队,同时认为可以避免战争。对于放宽经济限制持批判态度,支持零核电的人也很多。他们是古德纳所说的"批判言论文化"的旗手,是实现新"总中流"社会的中心力量。但是,虽说他们是"中流"中的最大势力,也只不过勉强占了"中流"整体将近一半,其实也很弱。如果不把位于中间位置的"中流保守派"吸纳进来，就很难实现目标。

如果"中流自由主义派"和"中流保守派"通过合作实现了新"总中流"社会，那么实现目标的先决条件是必须形成支持"中流自由主义派"的政治势力。现有的在野党没有获得"中流自由主义派"这一潜在势力的支持，这也是我们必须正视的严峻事实。就在最近三年的时间里，也有过这样的政治势力存在的时期，就是从民主党执政前一年到2011年"3·11"日本地震的期间。这个时期里，民主党的支持率在所有阶级中急速上升，超过自民党支持率实现了政权交替，其中民主党在新中产阶级和旧中产阶级中的支持率显著上升。

从2006年到2010年四年间，民主党的支持率由11.2%上升到18.6%，超过自民党的支持率（16.4%）。具体从阶级来看，民主党在新中产阶级中的支持率由12.6%上升到22.0%；旧中产阶级从11.6%急速上升到20.8%，超过20%。与此相对，自民党在二者中的支持率分别从18.1%降到11.7%，从35.3%急速下降到21.2%。[6]如此一来，"中流"

特别是新中产阶级的政党支持倾向发生了很大的变动,从而影响了政权的更替。然而现在,这样的政党已不复存在。将自民党以外的政党重组或联合起来,建立一个像过去民主党那样的政治势力,才是实现目标的前提条件。"中流自由主义派"通过这个新的政治势力,便可实现自己的理想目标。那么,如果"中流保守派"与"中流自由主义派"联合起来,会是怎样的情况呢?"中流保守派"对自我责任论持否定态度,在不否定政府介入经济这一点上,与"中流自由主义派"是共通的。但是,他们在对收入再分配政策持消极态度这一点上,与"中流自由主义派"的差异很大。他们认为虽然自己不支持自我责任论,但也没有必要特意通过收入再分配来缩小差距,通过增加税金的方式可能并不受人欢迎。

(二)贫富差距扩大侵蚀了所有人的健康

正如第四章所看到的那样,"中流"也不意味着平稳安定,尤其步入老年后的不确定因素很大。新中产阶级中有很多人在基础养老金以外还拥有一份企业年金,所以老后也能维持"中流"生活。但是，也有很多人会陷入"老年贫困"的风险，即使到了晚年也不得不从事非正式劳动和自己专业领域以外的工作谋生。如果因为事故或疾病等原因失去财产，"老年贫困"出现的可能性会更高。同时，旧中产阶级在步入老年后能维持"中流"生活的可能性同样很小。也就是说，让人们在步入老年后从收入再分配中获得收益的做法可能更为现实。如果现在可以缴纳如上说的税金且到了老年可以返还回来，支持收入再分配不也符合很多人的利益吗？

另外，对于要面临择业问题的子女的父母来说，最大的不安是"孩子是不是无法找到工作""孩子是不是要成为无固定职业者"等。一旦子女没有找到工作、成为无业者，就不能自食其力，也可能面临一生未婚的可能，更别提想拥有下一代了。但是，如果社会大幅度提高最低工资，进一步完善社会保障，其实也没有必要担心。例如，如果最低工资能提高到1500日元，一年工作1600小时，年收入就能达到240万日元，这个金额可以满足一个人的基本生活。如果结婚后家庭年收入达到480万日元，这部分金额也够生养子女的了。从"中流保守派"的立场来看，这应该也是件好事。当然，这对于仅雇用一个人或两个人临时工的个体经营者来说可能会很感到有点困难，因为提高了经营成本。但正如前面所述，个体经营者的存在有着超越经济价值的社会意义，对于这样的情况政府做好公共支援就可以。

此外，还有以下问题。到目前为止，全世界都在进行关于贫富差距扩大给社会带来消极影响的研究。多项研究表明，贫富差距扩大会增加犯罪率，降低健康水平、平均寿命，同时会降低经济效率和经济增长率。从国际视野进行平均寿命比较，会发现如果国民收入达到一定水平，平均寿命的增长与平均收入呈正向关系，即平均收入越高平均寿命越长。但是，在实现了一定程度以上收入水平的发达国家，平均收入和平均寿命之间却几乎没有关系，取而代之的是收入差距的大小和平均寿命性相关性。收入差距越大的国家，平均寿命越短。贫困阶层的人健康指数较低，而且由于没有充分的医疗条件，因而早死的可能性很高。也就是说，如果贫富差距扩大，贫困阶层就会增加，平均寿命也会缩短。但是，影响还不止这些。如果贫富差距扩大，贫困阶层以外的人寿命也会缩短。

对此，专业的研究人员阐释了其中的理由，详情如下。对于达到一定程度以上收入水平的人来说，重要的不是收入的绝对水平，而是相对水平，也就是说收入比别人高还是低。即使生活没有任何不自由，但只要收入比别人低很多，就容易产生不满情绪，对更富裕的人也容易产生反感。因此，即使在富裕社会，如果贫富差距过大，人们之间也容易产生敌意，难以建立良好关系，参加社会地区活动的频率也会减少，同时也会失去对公共事业的关心以及社会成员之间的连带感；进而导致社会犯罪率的增加，人们精神压力倍增，健康状态恶化，平均寿命下降。也就是说，人们的健康状态在平等的社会中是恰到好处的，在不平等的社会中是不好的。[7]

（三）贫富差距扩大会降低GDP增长率

另外，OECD还分析了贫富差距扩大对经济增长的影响。如果贫富差距扩大，低收入阶层的人们就无法让子女接受好的教育，也无法提高自身能力，进而会影响人的竞争资本，生产力也会下降。根据OECD的估算，多数发达国家从20世纪开始到21世纪贫富差距逐步扩大，与此同时GDP增长率也在不断下降。以日本为例，从1990年到2010年GDP增长率是17.5%，但实际上这个增长率由于贫富差距扩大而下降了5.6%。如果贫富差距没有扩大，应该增长率会达到23.1%。在同一时期，英国为8.6%，美国为6.0%，德国为5.7%，GDP增长率均在下降。[8]即使在认清上述事实的基础上，"中流右翼"恐怕也不会改变其立场。但是，"中流保守派"可能会改变态度。当然，他们并不会肯定贫富差距扩大这件事本身，而会意识到贫富差距扩大对整个社会和自己都是不利的。如果在这一点上能达成一致，那么他们对于采取措施缩小贫富差距应该没有异议。

如果想让"中流自由主义派"和"中流保守派"为了实现新"总中流"社会达成共识，恐怕也需要"中流自由主义派"方面的让步。最好不要不经大脑就否定修宪，同时将"零核电"定为中长期目标也可以。关于收入再分配也可以在双方达成协议的基础上逐步推进。

"中流自由主义派"和"中流保守派"之间虽然有各种各样的区别，但并不是像"中流右翼"和"中流自由主义派"那样，有着极端对立的关系。至少二者对于实现新"总中流"社会这一目标不存在分歧。另外，二者对于政党的支持，也并不是完全对立。如表5-5所示，"中流保守派"虽然带有强烈的自民党色彩，但对自民党的支持率仅为33.2%，有58.0%无支持党派。而且，支持其他政党的人也有8.8%，不能说与"中流自由主义派"的13.6%有本质区别，但不会像"中流右翼"那样是自民党坚定不移的支持基础，还是有很大的变动空间。以"中流自由主义派"为中心，找到与"中流保守派"的共同点，在这里组建由其他阶级中持有"自由主义派"和"稳健保守派"观点的人构成的政治势力，也绝非无法实现。正如自民党遵循其坚定不移的基础——"新自由主义右翼"的意向一样，在排外主义和重视军备倾向增强的今天，这种可能性反而在扩大。

（四）超越政治立场

为了实现中产阶级的要求，在室伏高信呼吁法西斯运动的八年前的1924年，写了《走向灭亡的阶级》一书，书中提到了森本厚吉。森本以实现中产阶级的要求为目标，同时呼吁展开其他运动。森本是毕业于札幌农业学校的经济学家，师从新渡户稻造，设立了女子经济专门学校（现在的新渡户文化短期大学），并拥立新渡户稻造为第一任校长。

森本提到，中产阶级是指在职业、教育、财产或收入、社会地位等方面，处于工人阶级之上，可以适应新时代文化生活的阶级。然而，其境遇却在逐渐恶化，面临着灭亡的危机。森本认为，中产阶级特别是新中产阶级的使命是"谋求上下阶级的协调，使贫富差距最小化"。因此，中产阶级应该与工人阶级联合起来，同时努力将处于悲惨境遇的工人阶级的生活水平提高到中产阶级水平，力争使"上流有产阶级"承认其不劳而获的本质。如果没有达到这一目的，中产阶级和工人阶级就应该站起来进行阶级斗争，将"上流有产阶级"的生活降低到中产阶级水平。[9]当然,森本也没有提出具体的战略和政策,他只是单纯地呼吁。

缩小贫富差距和消除贫困是社会发展的政策目标,与"新自由主义右翼"以外的很多政治立场并存。为了实现这个目标,我们期待着能进行超越政治立场的讨论。

注释

第一章

1 总务省统计局《美国总统选举的大冷门（前篇）：标本调查的偏差①》。

2 Gallup, G., &Rae, S.F., *The Pulse of Democracy.*

3 *The People of the U.S.A.:a Self Portrait* (The Fortune Survey), Fortune, Feb.1940.

4 Gilbert, D., *The American Class Structure* (Fifth Edition).

5 万斯·帕卡德，《追求地位的人们》，第4页。

6 芭芭拉·艾伦瑞克，《"中流"阶级》。

7 岩田幸基，《现代的中流阶级》，第3页。

8 神林博史，《围绕"总中流"与不平等的言论：关于战后日本阶层归属意识的笔记》（3）。

9 这是美国经济学家詹姆斯·杜森贝瑞（James Duesenberry）提倡的概念，指个人消费水平受周围人的消费水平影响。

10 这是美国经济学家约翰·肯尼斯·加尔布雷斯（John Kenneth Galbraith）提倡的概念，即并不是为了满足人们的需求而进行生产，而是通过广告和销售战略等来创造欲望。

11 比如盛山和夫、直井优、佐藤嘉伦、都筑一治、小岛秀夫的《现代日本的阶层结构及其趋势》。

12 理查德·森特斯，《阶级意识》。

13 《朝日新闻》（1978年1月22日，1981年6月13日）。

14 《第82回国会众议院决算委员会议录》（1977年11月1日）。

15 参考岸本重陈的《"中流"的幻想》。在本书中，岸本将"中流"定义为具有一定生活态度和资产的人，或者既不属于雇佣方（资本家）也不属于被雇佣方（劳动者）的土地所有者以及个体经营者。仅把自己的生活程度定为"中层"就被称为"中流"是不对的。

16 参考滨岛朗的《现代社会与阶级》。虽然本书出版于1991年，但有关本书所收录的中流意识的论文于1983年至1985年发表。在这些论文中，滨岛在根据调查结果询问了一般阶层的归属意识后，有八成的被调查者回答自己是"中流"；在询问了关于"中流"人的生活方式和经济状态的具体印象选项（"教养""热心教育""上进心""宽裕""安定"等）之后，再次询问被调查者自己是否属于中流，明确回答自己属于"中流"的人就降到了五成以下。所以可以看出，认为自己属于"中流"的阶层归属意识其实是没有一贯性且不稳定的。

17 Adonis, A., &Pollard, S., *A Class Act*.

第二章

1 丹尼尔·笛福，《鲁滨孙漂流记》。译文有所改变。

2 亚里士多德，《政治学（亚里士多德全集15）》，第171~172页。

3 大冢久雄，《社会科学的方法》《近代化的人类基础》《欧洲经济史》《社会科学中的人类》等。

4 川岛武宜，《新版所有权法的理论》。

5 以下以四级分类为基础，通过数据来展现各阶级的特点与不同，分类标准如下。

资本家阶级：员工规模在5人以上的经营者、董事、个体经营者、家族企业者。

新中产阶级：从事专业、管理、事务性工作的被雇佣者（女性和非正式工作除外）。

工人阶级：从事专业、管理、事务性工作以外的被雇佣者（包括女性和非正式工作）。

旧中产阶级：员工规模不足5人的经营者、董事、个体经营者、家族企业者。

资本家阶级和旧中产阶级的区别定位在5人以上以及不足5人的原因是，以企业为对象的多个统计调查中都是针对5人以上规模的企业。也就是说，一般"企业"的概念指的是5人以上的经营体。另外，从数据来看以此为界，企业经营者和个体经营者的收入以及生活状态发生了巨大的变化。但是，在测量各阶级规模时经常使用的人口普查数据，由于其中没有员工规模的区别，所以这项数据里将有雇主的情况分为资本家阶级，没有雇主的情况分为旧中产阶级。另一方面，在正式雇佣的事务性职位中一般将男性归为新中产阶级，将女性归为工人阶级。这是因为其实存在着明确的性别职务分工,即男性从事的事务性岗位为管理岗,而女性从事的事务性岗位为普通职员岗。

另外,在SSM调查的职业分类中,即使是有科长以上的职务的人员,如果专门从事销售、服务和手工劳动的工作,也不会被归类为管理人员。因此,在本次分析中,科长以上职位的被雇佣者如果被归类为专业、管理以及男性事务岗以外的职位,也被视为新中产阶级。

6 哈里·布雷弗曼,《劳动与垄断资本》。

7 在这里,关于便利店的店主、各种承包商等,对于质疑他们是否具备独立经营性且属于旧中产阶级的问题,暂且放置一边。

8 哈里·布雷弗曼,《劳动与垄断资本》。

9 关于这一点,详见桥本健二《日本的新阶级社会》第四章。

10 藤田弘夫,《某位社会学者的战斗:P.A.索罗金坎坷的一生》。

11 Sorokin, P.A., *Social and Cultural Mobility*

12 熊泽诚，《新编日本的劳动者像》。

第三章

1 无论哪一个都是"扩大了""不管怎么说是扩大了"的合计。

2 《CLASSY.》，1989年11月号。

3 《CLASSY.》，1990年5月号。

4 《女性自身》，1988年12月27日与1989年1月3日合并号。

5 盛山和夫，直井优，佐藤嘉伦，都筑一治，小岛秀夫，《现代日本的阶层构造与其趋势》。

6 桥本健二，《阶级社会的日本》。在这一点上，为了更好地将被雇佣的专业岗位、管理岗位以及事务性岗位从业者与工人阶级区别开，我使用了"新中间层"这个术语。另外，这里的分析与本书不同，是以20~69岁的全年龄段为调查样本。

7 尾岛史章，《教育机会的趋势分析》。

8 佐藤俊树，《不平等社会日本》。

9 桥本健二，《阶级社会的日本》。

10 桥本健二，《日本的新阶级社会》。

11 盛山和夫，《中流崩溃只不过是一个"故事"》。

12 橘木俊诏，八木匡，《收入分配的现状与最近的推移》。

13 大竹文雄，《关于收入差距的思考》。

14 橘木俊诏，《日本的收入差距扩大了吗》。

15 大竹文雄，齐藤诚，《收入不平等化的背景与其政策含义》。

16 太田清，《日本的个人收入与工资差距》；桥本健二，《"差距"与"阶级"的战后史》。

17 大竹文雄，《格差与希望》。

18 2006年1月24日参议院本会议。

19 2006年1月24日众议院本会议。

20 2006年2月1日参议院预算委员会。

21 《大宅壮一文库杂志记事索引检索WEB版》。

22 吉川彻，《"中"意识的安静变化》《现代日本的"社会之心"》。

第四章

1 K6尺度是由美国的凯斯勒（Kessler）等人开发的，广泛用于筛查抑郁症、不安障碍等精神疾病。2016年在首都圈调查中使用的是2015年SSM调查研究会将其整理后重新制作出来的测量指标，与原来的K6尺度有不同的地方。该指标体系主要由"烦躁""绝望的感觉""心神不定""心情郁闷""无论做什么都不开心，做什么都觉得很懒散""觉得自己像一个毫无价值的人"这六个细项构成。在统计时，回答分数范围是0~4分，合计24分为满分。

第五章

1 艾瑞克·弗洛姆，《逃避自由》。

2 西摩·马丁·李普塞特（Seymour Martin Lipset），《政治中的人们》。

3 山口定，《法西斯主义》，有斐阁，1979年。

4 丸山真男，《现代政治的思想与行动》，第63~64页。

5 室伏高信，《中产阶级的社会学》，第300、305页。

6 樋口直人，《日本型排外主义》。

7 永吉希久子，《网络右翼是谁》；樋口直人，《网络右翼是什么》。

8 雨宫昭彦，《帝政时期德国的新中间层》。

9 村上泰亮，《新中间大众的时代》。

10 引用自大桥隆宪，《现代日本的阶级构成》。（ ）内是桥本的补充，改正了明显的误记部分。

11 幸德秋水，《社会主义神髓》。

12 幸德秋水，《平民主义》。

13 大杉荣，《征服的事实》《生的扩充》。

14 塞尔日·马莱，《新工人阶级》《工人权力》。

15 阿兰·图雷纳，《脱工业化社会》。

16 古德纳，《知识资本论》。

17 关于战后劳动运动中白领的作用，参照大河内一编著的《工会的生成和组织》。

18 但是，在这里，居住在首都圈的女性整体学历都很高，从事的工作也不只是单纯的事务性工作，因此从事事务性工作的女性正式职工也包括在新中产阶级中。

第六章

1 卡尔·马克思,弗里德里希·恩格斯,《德意志意识形态》,第68页。

2 在这里,暂且不提鲁滨孙从某个时期开始使用仆人星期五。

3 内阁府政策统括官,《关于日本的自由职业者》。

4 吉永纯,后藤道夫,唐镰直义,《显示出庞大的"从保护中排除"》。

5 野村综合研究所"估计日本的富裕阶层为127万户,纯金融资产总额为299兆日元"。

6 桥本健二,《"差距"与"阶级"的战后史》。数据根据JGSS调查(日本版综合性社会调查)所得。

7 卡瓦奇(Kawachi),肯尼迪(Kennedy),《不平等会损害健康》;威尔金森(Richard Gerald Wilkinson),《格差社会的冲击》等。

8 OECD, *Trends in Income Inequality and its Impact on Economic Growth.*

9 森本厚吉,《走向灭亡的阶级》,第210~211页。

参考文献

雨宮昭彦『帝政期ドイツの新中間層』東京大学出版会、二〇〇年

アリストテレス(山本光雄訳)『政治学(アリストテレス全集15)』岩波書店、一九六九年

岩田幸基『現代の中流階級』日本経済新聞社、一九七一年

ウィルキンソン(池本幸生・片岡洋子・末原睦美訳)『格差社会の衝撃』書籍工房早山、二〇〇九年

エーレンライク(中江桂子訳)『「中流」という階級』晶文社、一九九五年

大河内一男編『労働組合の生成と組織』東京大学出版会、一九五六年

大杉栄「征服の事実」飛鳥井雅道編『大杉栄評論集』岩波書店、一九九六年(原著一九一三年)

大杉栄「生の拡充」同上(原著一九一三年)

大竹文雄「所得格差を考える」『日本経済新聞』二〇〇〇年二月二九日〜三月七日

大竹文雄『格差と希望』筑摩書房、二〇〇八年

大竹文雄・斉藤誠「所得不平等化の背景とその政策的含意」『季刊社会保障研究』第三五巻第一号、一九九九年

大塚久雄『社会科学の方法』岩波書店、一九六六年

大塚久雄『近代化の人間的基礎（大塚久雄著作集第八巻）』岩波書店、一九六九年

大塚久雄『欧州経済史』岩波書店、一九七三年

大塚久雄『社会科学における人間』岩波書店、一九七七年

大橋隆憲「現代日本の階級構成」『経済論叢（京都大学経済学会）』第九三巻第三号、一九六四年

小沢雅子「幕開ける"階層消費時代"｜"中流幻想"の崩壊と大衆消費時代の終焉」『日本長期信用銀行調査月報』二二二号、一九八四年

小沢雅子『新「階層消費」の時代―消費市場をとらえるニューコンセプト』日本経済新聞社、一九八五年

川島武宜『新版所有権法の理論』岩波書店、一九八七年

カワチ、ケネディ（社会疫学研究会訳）『不平等が健康を損なう』日本評論社、二〇〇四年

神林博史「『総中流』と不平等をめぐる言説：戦後日本における階層帰属意識論に関するノート（3）」『東北学院大学教養学部論集』第一六一号、二〇一二年

岸本重陳『「中流」の幻想』講談社、一九七八年

熊沢誠『新編日本の労働者像』筑摩書房、一九九三年

グールドナー（原田達訳）『知の資本論』新曜社、一九八八年

幸徳秋水『社会主義神髄』『日本の名著44』中央公論社、一九七〇年（原著一九〇三年）

幸徳秋水『平民主義』『日本の名著44』中央公論社、一九七〇年（原著一九〇七年）

佐藤俊樹『不平等社会日本』中央公論新社、二〇〇〇年

盛山和夫「中流崩壊は『物語』にすぎない」『中央公論』二〇〇〇年一一月号

盛山和夫・直井優・佐藤嘉倫・都築一治・小島秀夫「現代日本の階層構造とその趨勢」、直井優・盛山和夫編

『社会階層の構造と過程(現代日本の階層構造①)』東京大学出版会、一九九〇年

センタース(松島静雄訳)『階級意識』東京大学出版会、一九五八年

橘木俊詔「日本の所得格差は拡大しているか」『日本労働研究雑誌』二〇〇〇年七月号

橘木俊詔・八木匡「所得分配の現状と最近の推移」、石川経夫編『日本の所得と富の分配』東京大学出版会、一九九四年

デフォー(鈴木恵訳)『ロビンソン・クルーソー』新潮社、二〇一九年

トゥレーヌ(寿里茂・西川潤訳)『脱工業化の社会』河出書房新社、一九七〇年

内閣府政策統括官『日本のフリーランスについて』二〇一九年

永吉希久子「ネット右翼とは誰か」樋口直人他『ネット右翼とは何か』青弓社、二〇一九年

パッカード(野田一夫・小林薫訳)『地位を求める

人々』ダイヤモンド社、一九六〇年

博報堂生活総合研究所編『「分衆の誕生』日本経済新聞社、一九八五年

橋本健二『階級社会日本』青木書店、二〇〇一年

橋本健二『新・日本の階級社会』講談社、二〇一八年

橋本健二『〈格差〉と〈階級〉の戦後史』河出書房新社、二〇二〇年

濱嶋朗『現代社会と階級』東京大学出版会、一九九一年

樋口直人『日本型排外主義』名古屋大学出版会、二〇一四年

樋口直人「ネット右翼の生活世界」樋口直人他『ネット右翼とは何か』青弓社、二〇一九年

藤田弘夫「ある社会学者の闘い：P・A・ソロキンの数奇な生涯」『法學研究』第七七巻第一号、二〇〇四年

ブレイヴァマン（富沢賢治訳）『労働と独占資本』岩波書店、一九七八年

フロム（日高六郎訳）『自由からの逃走』創元社、一九五一年

丸山眞男『現代政治の思想と行動』未来社、一九六四年

マルクス、エンゲルス（花崎皋平訳）『ドイツ・イデオロギー』合同出版、一九六六年

マレ（海原峻・西川一郎訳）『新しい労働者階級』合同出版、一九七〇年

マレ（山内昶訳）『労働者権力』河出書房新社、一九七二年

村上泰亮『新中間大衆の時代』中央公論社、一九八四年

室伏高信『中間階級の社会学』日本評論社、一九三二年

森本厚吉『滅びゆく階級』同文館、一九二四年

山口定『ファシズム』有斐閣、一九七九年

吉永純・後藤道夫・唐鎌直義「膨大な『保護からの排除』を示す」『賃金と社会保障』二〇一〇年一〇月上旬号、二〇一〇年

リプセット（内山秀夫訳）『政治のなかの人間』東京創元新社、一九六三年

渡辺和博・神足裕司『金魂巻』主婦の友社、一九八四年

Anonis, A., &Pollard, S., *A Class Act*, Hamish Hamilton, 1997

Gallup, G., &Rae, S.F., *The Pulse of Democracy*, Simon and Schuster, 1940

Gilbert, D., *The American Class Structure*（Fifth Edition）, Wadsworth, 1998

OECD, *Trends in Income Inequality and its Impact on Economic Growth*, 2014

Sorokin, P.A., *Social and Cultural Mobility*, Free Press, 1964（first Harper&Brothers edition 1927）

The People of the U.S.A.:a Self Portrait（The Fortune Survey）, Fortune, Feb.1940

総務省統計局「アメリカ大統領選挙の番狂わせ（前編）～標本調査における偏り①」（https://www.stat.go.jp/teacher/c2epi4a.html）